徐瑾 著
XU JIN

有时

Sometimes

北京联合出版公司
Beijing United Publishing Co.,Ltd.

图书在版编目（CIP）数据

有时 / 徐瑾著. -- 北京 : 北京联合出版公司,
2016.4
ISBN 978-7-5502-7512-6

Ⅰ.①有… Ⅱ.①徐… Ⅲ.①随笔－作品集－中国－
当代 Ⅳ.①I267.1

中国版本图书馆CIP数据核字（2016）第069019号

有时
作　　者：徐　瑾
总 发 行：北京时代华语图书股份有限公司
责任编辑：管　文
责任校对：蔺亚丁
封面设计：尚世视觉
版式设计：姜　楠

北京联合出版公司出版
（北京市西城区德外大街83号楼9层 100088）
北京中科印刷有限公司　　新华书店经销
字数132千字　　880毫米×1230毫米　1/32　　8.25印张
2016年6月第1版　　2016年6月第1次印刷
ISBN：978-7-5502-7512-6
定价：36.00元

序

凡事都有定期，天下万物都有定时。

生有时，死有时；栽种有时，拔出所栽种的也有时。

杀戮有时，医治有时；拆毁有时，建造有时；

哭有时，笑有时；哀恸有时，跳舞有时；

抛掷石头有时，堆积石头有时；怀抱有时，不怀抱有时；

寻找有时，失落有时；保守有时，舍弃有时；

撕裂有时，缝补有时；静默有时，言语有时；

喜爱有时，恨恶有时；争战有时，和好有时。

——圣经和合本《传道书》

序／关于爱

01

安娜为什么会死?

在我的记忆中，这似乎是第一次严肃地考虑死亡，时间大概是中学，那时候我已经是重度阅读上瘾者，阅读的速度几乎和身体的成长相称。暑假的时候常常是图书馆没开门，我就已经在排队。或许这个地方对当时的我来说太重要了，记忆中借阅处柜台很高，每天只允许借出四本书，读完隔天再换四本，有时候借用别人的证件可以再多借四本。

安娜·卡列尼娜，一袭黑衣淡然出场，大可艳惊莫斯科上流舞会。她美到超自然，美到残忍，也愈加使得日后的欺骗、羞辱乃至死亡愈加黑暗，愈加不可接受，尤其是最后，安娜以卧轨的方式结束生命，“这种画十字的习惯动作，立刻使她回忆起一系列少女时代和童年时代的往事，笼罩住一切的黑暗顿时烟消云散，在一刹那间，人生带着她过去的全部幸福与欢乐出现在她的眼前。……就哔剥一声，昏暗下去，永远熄灭了”。

安娜为什么非死不可？安娜如果不死会如何？如果她没有和渥伦斯基在一起？或者，如果他们根本没有在那列从彼得堡来莫斯科的火车（该死的，又是火车）上相遇？……这些问题困扰了我大半年，这期间我不得不又重新读了一次《安娜·卡列尼娜》，速度非常慢，达到了一种痴魔的状态，如此才暂时放下种种怔忪怅然。

现在回头，当年要的无非是为诸多为什么寻找一个可能性的解释甚至安慰。然而，不是所有的问题都有必然的答案，有的时候只能回答：无关对错，只是有时，譬如爱之绚丽徒劳，老之卑微枯寂，救赎之虚妄与可能——这构成人生不同况味的写照，也是本书的三则主题。

《有时》是一种对于生老病死的时态描述，无关价值观与伤春悲秋。比如《周礼·考工记·序》中曰："天有时以生，有时以杀；草木有时以生，有时以死。"亦如开篇所引《圣经》："凡事都有定期，天下万物都有定时。……哭有时，笑有时；哀恸有时，跳舞有时。"在中文里面，"有时"，还可以表示一件事终于结束了的意思，譬如“天长地久有时尽，此恨绵绵无绝期”。

国人喜欢说人生苦短，其实正是短让一切有为与无为有了意义，更何况，有时，我们不得不长叹人生苦长。生命有时关于爱，有时关于衰老，有时关于救赎，并不总是灿烂美好，也有各种生之败落，生之朽败，生之酸馊，有时简直就像张爱玲临去海外最后一眼看香港，“忽然空中飘来一缕屎臭，……而且还是马可孛罗的世界，色香味俱全。我觉得是香港的临去秋波，带点安抚的意味，若在我忆旧的份上”。

02

谁是最好的作家？或者，你最喜欢谁的小说？

很多人喜欢这样问。我在这本书中写了不少作家，其中很多应该写的人没有写。对于我而言，只是通过他们来完成我的思考，所写的人或者作品，所求无非是有一己心得。关于爱一节，我特别列入不少女性作品，女性作家的好处和坏处其实有时候只有女性能够完全体会，这或许和月亮有关的情绪以及姿态，有时能够深入男性作家无法触及的细碎灵敏，有时候到底难脱局促，有些逼仄促狭以及过分自我映射。

从时间来看，本书陆陆续续写了十来年，一些文章可以追溯到大学时代，那是一个可以肆无忌惮读书的自由岁月。例如谈奥威尔，写于多年前大学时的一个冬天，那时候迷恋后现代隐喻、意义消解、语言哲学之类形而上的东西，表达也更类似自呓，信息也更为密集，节奏也更为急促，有的段落今天读来多少不堪卒读，但还是保留原貌发出。有谁料想得到，在时间的循环中，阅读体验已经恍如隔世，而生存体验却越发接近。

当然简陋也是有的，但是也照旧保留，这也是“有时”的一部分吧。就像我写日本作家太宰治的文章《太宰治：懦弱与骄傲》，到如今已经接近十年。当时内地的中文世界并没有太多太宰治的资料，多数人也不知其人，我手边有他的系列台湾地区版本的作品，本着别人不写的我才去写的态度，信手写了一则文章，最初以无具名形式刊登在我和朋友合办的读书杂志《读品》。时日一久，这则文章不仅很多内容进入太宰治的百科，甚至文章中的一些段落句子也被附会为太宰治名言，可见互联网时代，太多信息并不一定真实可信。

作家当然有高下，但是就像生之四季，人在读书时，不同阶段有不同阶段的需求，有时需要他，有时需要她，有时需要他和她，有时谁也不需要。就像我小时候读雨果等人，心驰神往，长大觉得难以再读，反过来，读陀思妥耶夫斯基，小时候总觉得冗长枯燥，长大却觉得如此伟大——我过去打趣，如果有人问最伟大的小说家是谁？答陀思妥耶夫斯基最安全，这多少感觉有点类似男女艺人总选张曼玉作为最喜欢的影星，总不失分。如果说帕慕克、村上春树乃至托尔斯泰等小说家，都是在人间的那类小说家，甚至可以说和我们在一起，那么陀思妥耶夫斯基就是这样一种小说家，他不在天堂悲悯我们，就在地狱代我们受过。

近年中文写作圈亦很流行非虚构写作，这或许是一种失真年代的求真焦虑。我始终认为，对于伟大作家而言，他描述的必然是我们生活的一切以及尚未意识到的一切，这就是最伟大的真实。典型如奈保尔，他本意是成为一个小说家，即“高贵的驾驭想象力的作家”，但是最终却是两条腿走路，写虚构也写非虚构，而且在国内似乎他的非虚构更受推崇，但我从他的小说中对于了解别的世界真相受益良多。奈保尔是我近年才开始读的作家，我常常认为我应该更早读他，但也不得不承认过早难以全盘接受他的恶毒与犀利，某种程度上，与其烂俗地说他改变了我对于世界的看法，不如说他使得我对于世界的新视角从我心中破土发芽，无论虚构还是非虚构，他强大地提供了真实。

有一个自学成才的香港大亨颇爱读书，坊间便有文化人以读书的名义采访他。他就说他读书要点之一就是只看一方，因为他觉得这个世界只有 true 或者 untrue。这是生意人的读书方式，务实又理性，甚至有效，事实上多数政治、经济等关于人类的社会学科都在 true 与 untrue 之间，并没有太多一成不变的真理，但是文学，却以一种近乎荒谬的形式存在绝对的正确，它全然是 untrue。却又是在提供 true，亦如加西亚・马尔克斯所言："小说是用密码写就的现实，是对世界的揣度。小说中的现实不同于生活中的现实，尽管前者以后者为依据。这跟梦境一个样。"

浮生如梦，而梦比现实更真实。无论是奈保尔以小说展示复杂的第三世界，还是奥威尔用虚构写的《1984》，二者或许都不乏想象，现实就这样赤裸裸而多角度地被呈现出来，甚至强大到压迫每个人去思考。

土耳其小说家帕慕克因为诺奖（又是诺奖）而备受关注，他曾经说过小说和其他题材存在根本区别，"我们阅读故事就像在看风景，我们的心灵之眼将故事转化为图画，努力让自己融入图画的氛围之中，受其感染，并且实际上在不断地追寻它"。在我看来，这也类似于冷媒体与热媒体的区别，即阅读故事本身也是一种互动和参与，意味着潜意识的充分启动。一些研究也已经说明阅读会改造大脑，即使阅读虚构情节也可能激发大脑相关神经，看来阅读不仅影响我们的心灵（感性），也在改造我们的头脑（理性）。

03

文学应该有价值观吗？或者，什么样的价值观呢？

我曾经谈过这个问题，在此也再次重述一次。至少对于我来说，我对于不确定性的偏好要大于确定性，我甚至认为这就是文学的丰富性与独特性所在。按照日本作家村上春树的说法，文学提供的是多尺寸的鞋码，大家要试很多也未必合适，但却觉得好像有“某种意义”。

“某种意义”指向何处呢？这是一个永恒的哲学问题：认识你自己。故事是与人类最为紧密的连接，说书人的传统可以上溯到原始时代，而文学则是对于这种传统的延续。村上把故事比喻成魔术，小说家将其作为“白魔法”来使用，而一些极端宗教组织则将其当作“黑魔法”利用。

毋庸置疑，黑魔法肯定比白魔法更有诱惑力。村上认为黑魔法指向绝对性，白魔法指向相对性，绝对性以干净的现实 B 取代混乱的现实 A，这种替代看似一种逃离以及解脱，但是现实 B

真的是现实的吗？其中的自我看似获得确定性，却往往已经导向迷失。

在人类历史上，黑白魔法多次搏斗，而确定性与不确定性的分野亦隐含其中。村上定义小说家为“就是以多作观察、少下结论为生的人”。所谓“多作观察”，在我看来就是对于不确定性的展示，而“少下结论”则是对于太过确定性的警惕。这令人想起叙利亚诗人阿多尼斯在上海的一次谈话，他认为世界是一个问题，不是答案，“如果一个诗人声称诗歌表达一切，这意味着诗人和诗歌都结束了，因为你都已说完一切。我的困惑是，我想要全知全能的困惑，我只知道一件事情，就是我什么都不知道。这是人说过的最伟大的一句话”。

04

为何阅读？为何写作？文学是否无用？

活过，爱过，写过，这是司汤达的墓志铭，也是我喜欢的生命形式，简洁、庄重又丰富，小时候如此，成年之后也如此。乔治·奥威尔在谈论自己为什么写作时列举了四点，即自我表现的欲望、唯美的思想与热情、历史方面的冲动、政治上所作的努力。

对于我而言，无论司汤达的人生三味还是奥威尔的四点原则其实都指向了理解，即作为个体，无论读与写，都是在思维层次再现这个复杂的世界的一种努力，无论是从自我、美还是历史还是政治，都是一种人类为了达到理解而做出的智识努力。读是一种消费，写是一种生产，读书是借用别人的火炬照亮自己的路，而写作更多是燃烧自己照亮他人（或许仅仅是自己）。

文学构成理解的路径之一，不得不承认并非唯一路径。我的专业是经济，兴趣和工作也在此，读过很多经济政治理论分析的文章，甚至写了几本关于经济的书，所谓“效益”，简单功利而言就是有用无用。我所读所写多是借助理性，这些理论分析或多或少都致力于简化这个复杂的世界，这是人类最习惯也看起来最有效率的学习曲线，观察——归纳——总结。文学不同，对于文学而言，很多时候是致力于还原这个世界的复杂性。简化有益于知识的积累，而复杂有益于知识的理解，二者都很重要，但后者的意义往往被低估。

某种意义而言，复杂性是智力密度以及观察深度的产物，本来不是文学独享，如今这一技艺随着学科科层化而逐渐湮灭，使得表现复杂性是文学的擅长之处，成功的文学作品其实需要超过诸多政治、经济分析难以企及的洞察力，这就是文学对于复杂性所能带来的贡献，就像《泰晤士报》评价奈保尔的作品激烈之余，也力证像奈保尔这样的小说家“可以更敏捷、更有成效地指出问题所在，远胜世界银行经济学家们以及各种专家”。

文学无用，其要义并不提供行动指南以及道德教化，有时卑微可以看作人生的安慰剂，这种低到尘埃的卑微有时候恰恰是小说家应该有的高贵矜持。政治学者柏林亦表示，“指导人们如何生活，既不是小说家的责任，更不是道德哲学家的责任。道德哲学家的任务，仅在于帮助人们面对问题，面对可供选择的行动范围，向他们解释有哪些选择以及做出某种选择的原因”。从某种意义而言，我觉得指导人们如何生活是一些小说家的误区，即使最伟大的小说家也不例外，忍不住说教甚至僭越，例如托尔斯泰。

托尔斯泰写安娜之死，甚至借书中人物之口说安娜是个连死都死得那么卑鄙的女人，这也暗合该书题词“申冤在我，我必报复”——安娜必须死，这是上帝（或者直接说托尔斯泰）的主意，因为安娜是另外一个正面主人公列文的反面，她越美丽越应该死，越无辜死得应该越惨烈。不过安娜虽死犹生，而列文则虽生犹死，关于列文的线索本应该是全书与安娜平行的线索，结果安娜的光芒盖过一切，列文黯淡如夜。

安娜顽强的生命力在托尔斯泰的舞台上跳出了自己的天鹅之舞，这是文学的伟大之处，文学有其自行其是的规则。有时小说家出于天才或者仅仅是偶然，作为牵线木偶展示了人类显而易见又无人看清的无主之域，这里面似乎包含着全宇宙的真理，人物灵魂甚至鲜活到跳出原来作者的既定框架，任何简化与短语都是一种自作聪明，只有文学的繁复与真实可以不断再现与永久封存这种美的毁灭，但即使美毁灭了也仍旧是美的。

日后，我读了更多小说，以及各类小说之外的书，我对于安娜的死始终耿耿于怀，直到今天我仍旧不能完全释怀，不过这种情感由少年的不解甚至愤怒现在更多转化为一种接受与体会，每次回想都触及一种几乎感觉不到的疼痛，但这种疼痛又明确地提示内心某处的存在。安息吧！美丽的安娜。

任何伟大写作都是一种艺术的献祭，有个台湾女作家曾经说“小说写到最后，我说把美丽的给予艺术，把丑陋的留给人生，把温柔的给予别人，把暴力的留给自己”。每每想到这里，我总是很抱歉，他（她）们曾给予那么多的美好与温柔，如今却只能默默道一声，谢谢，这也是我写本书的一点初衷。

徐瑾

2015 年 8 月于上海

目录

关于救赎 / 163

8/9

当我们谈论爱情时，我们在谈论什么

了不起的盖茨比vs虚弱的菲茨杰拉德

失去存在的人们

村上春树的色彩巡礼

我相信的，是一切都不确定

另类海上花

青白男女三界情执

爱在西元前

归去来兮

失落的时代与重归的记忆

关于／爱

当我们谈论爱情时，我们在谈论什么

01

爱情从来都是一个谜，即使对于伟大的加夫列尔·加西亚·马尔克斯亦是如此。

这位出生于1927年的哥伦比亚前记者可谓作家中的作家，大师中的大师。他的魔幻现实主义写作影响了世界，中国80年代崛起的余华、苏童等作家均受惠于他，甚至给莫言写传记的作家曾说“莫言只读了一页《百年孤独》，就兴奋得在房间里直打转转，然后就把这本书放下，开始写自己的小说了”，即使日后莫言名声日隆，也还是把马尔克斯比作“应该远离的灼热的高炉”，坦陈自己这20年来始终在跟马尔克斯搏斗。

谈文学成就，未能免俗一点就是诺贝尔文学奖。诺奖往往被视为对德高望重者的青年时代才华的致敬，而文学标准并不像其他领域那么高下分明，其中不少作家未必够资格，而够资格的也未必在其中，不少作家得奖之后也走过创作顶峰，比如马尔克斯在以《百年孤独》登榜之后三年，在他58岁那年出版了《霍乱时期的爱情》——在国外据说拥趸无数，首印量是《百年孤独》的150倍，在中国却堪称寂寞，或是少了诺奖的荣膺，多了传统的束缚。

这是马尔克斯的另一面，和《百年孤独》一样重要的另一面。马尔克斯甚至表示《霍乱时期的爱情》是他最好的作品，是发自内心的创作。他走下魔幻的神坛，步入日常的人心，不过谁知道呢，人心或许比想象更离奇呢？在主人公的悲欢爱欲背后，时代背景清晰浮现，比起“先是从西班牙的统治中去的独立，而后又废除了奴隶制，这些都加速了贵族的衰落”的诸多城市变迁，人的命运显然更为幽微曲折。

换而言之，没有《百年孤独》，也就没有《霍乱时期的爱情》，然而它们又如此截然不同，堪比两生花，一本炙热而玄幻，有如天马行空，宏大而汪洋恣肆，一本则舒缓而沉静，有如灵行水面，琐碎而暗涌万千。毫无疑问，《霍乱时期的爱情》是一本爱情小说，甚至是一本古典的、太古典的爱情小说，“一切都是严肃的，有分寸的”。

02

这是一个传统的爱情故事，甚至还有一个略显老套的开始。

18 岁的电报员阿里萨，私生子，身材消瘦而性格内向，过着纯洁而欢乐的日子——直到一个下午，他奉命去给一个叫洛伦索达萨的人送一封电报。在福音花园最古老的房子中，他除了找到洛伦索达萨，还邂逅了他正在朗读的女儿费尔明娜。两人偶然的一瞥，成为半世纪后仍未结束的惊天动地的爱情的源头，而阿里萨天真的日子也结束了。

洛伦索达萨不能接受女儿和一个电报员的感情，但是这并非两人爱情的实质阻碍，反而是两人情意升华的契机，“这是爱情之火熊熊燃烧的一年”。久别重逢之后，两人的幸福即在眼前，费尔明娜却在另一次两人邂逅中，瞬间体会了失望的深渊而非爱情的震撼。她自己放弃了这份感情，以一句“忘了吧”，轻轻结束两人关系。

尽管如此，阿里萨却没有忘记，即使费尔明娜找到了对她以及父亲而言都堪称最好的丈夫——出身高贵、举止温文、受人钦佩的乌尔比诺医生，最为关键的是，连阿里萨也不得不承认，就某种程度而言，医生和他一样深爱着费尔明娜。

在无数个不眠之夜与煎熬祈祷中，阿里萨始终在等待，等待医生的死去，这一等就是半个世纪——其间费尔明娜生儿育女，阅尽人世，成为受人尊敬的贵妇；而阿里萨也没有闲着，他不仅努力奋斗以期能够配得上费尔明娜的身份，更有数百位女人在暗中慰藉了他对于费尔明娜的渴望。

直到医生的离去，阿里萨的苦心经营逐步实现，他穷尽一生的准备终于派上用场。最终，他终于有机会对费尔明娜说出在53年7个月零11天以来的日日夜夜，他一直都准备好了的答案，“一生一世”。

03

这是一种近乎童话的故事，被拉长的等待更是显得百转千回。

小说中，阿里萨与622个情人的交往，更是被惊呼为穷尽爱情的各种可能，甚至因此冠之以“最伟大的爱情小说”——这一数字也往往作为宣传噱头为人津津乐道，但抛开数字之外，还有什么？

从阿里萨与不同情人的交往中，可以看出马尔克斯对于司汤达《乱爱情》以及福楼拜《情感教育》等前辈的致敬。不过按照米兰·昆德拉的定义，浪子有两类，“一类人在所有女人身上寻找他们自己的梦，他们对于女性的主观意念。另一类人则被欲念所驱使，想占有客观女性世界的无尽的多样性”。

如此，昆德拉笔下有200多位情人的托马斯自然是第二类，而有600多位情人的阿里萨显然是第一类。他所有的激情以及思想，都为费尔明娜所占据。他对于女人如此顺利，其实也在于他内心对于爱情或者说费尔明娜的渴望，“他只要斜着眼睛瞟那么一下，就知道在哪里能够找到爱情”，而她们，显然感召于他的空洞，以“一个过客似的男人”接纳而抚慰他。

甚至，阿里萨诸多风流韵事，却又如此隐秘，各种理由也是为了费尔明娜。他一直表现得像是费尔明娜彻头彻尾的丈夫：“肉体上不忠，心灵上却死心塌地，又从不让自己的背叛给她带去痛苦。”——以至于当50多年后，费尔明娜表示自己一次也没有见过他的女人时，阿里萨用没有一丝颤抖的声音回答，“那是因为我为你保留了童贞”。

有人将这故事简化为三角恋，费尔明娜是书中衔接两位男主角阿里萨与阿尔比诺医生的重要角色，她如此幸运，看似同时得到两种爱情：富于激情的以及安稳妥帖的。但是就这本书而言，阿里萨是一位绝对主角。

阿里萨的一生，可谓理智的疯狂，堪称“疯人院里的疯子”。他每一句话往往都是当真，却总被误会为玩笑与痴癫，尤其是为了心中的“花冠女神”费尔明娜，他穷尽一切想象与可能，大到力争轮船公司总裁的身份地位，小到轮船上的“总统套餐”，数十年来，都是为了她。

但是作为他情爱的投射对象，费尔明娜却未必全然能心领神会。晚年的费尔明娜曾对儿媳道出了心里话：“一个世纪前，人们毁掉了我和这个可怜男人的生活，因为我们太年轻；现在，他们又想在我们身上故伎重施，因为我们太老了。”但是，哪有什么“人们”呢，当年只是仅有21岁的费尔明娜做出了放弃的抉择。

终其一生，阿里萨对于费尔明娜只是一个过去的影子，甚至她丈夫死去之后，阿里萨对于她的追求也显得富于隐蔽的技巧，甚至那些打字机开始的来往书信，往往字斟句酌，在家长式的淳朴文风之下才敢倾诉爱情。

而对于阿里萨而言，他的一生，好的总是来得太迟。他想买下灯塔，却因为太年轻而没有钱，等有了钱，灯塔却已经国有化；他曾经想出版自己谈论爱情的书，却一直未能出版，等到可以出版的时候，却不得不发现他那一套却又早已经过时；他爱费尔明娜，却在年轻时候无法得到，50多年后，在其精心设计的“爱之旅程”之中，也无法重现昔日旅行的旧貌，无论是茂密的热带雨林还是吃蝴蝶的短吻鳄。

万幸的是，他最终得到所爱，即使是满脸皱纹的祖父祖母之间的爱，即使从“仿佛完全不受重力的束缚”的小母鹿步态到“老母鹿般的大腿”，这也让人怀疑他近乎良好的愿景。

04

当我们谈论爱情的时候，我们在谈论什么？

马尔克斯的小说中充满了各种马尔克斯式的定义与格言，《霍乱时期的爱情》也不例外。“软弱者永远无法进入爱情的王国，因为那是一个严酷、吝啬的国度”，“爱情首先是一种本能，要么生下来就会，要么永远都不会”，“凡是赤身裸体干的事都是爱”，“灵魂之爱在腰部以上，肉体之爱在腰部以下”，“灾难中的爱情更加伟大而高尚”，“爱情始终都是爱情，只不过距离死亡越近，爱情越浓郁”，“我对死亡感到唯一的痛苦，是没能为爱而死”……

这部小说马尔克斯显然倾注不少心力，他甚至说自己写完就像“掏空了一般”。其中，他自己的经历自不待言，电报员“连站”

发报也有他父母的恋爱影子，而两位老人的爱恋更是源自一则真实新闻：有两位年过 80 的老人一直隐秘交往，但他们的往事最终被发现，是因为分别度假的他们，却被船工用桨活活打死在游艇上。

还是不得不回到爱情的定义。马尔克斯曾经这样说，“在我小说的许多地方，都有对爱情的恐惧。我有这样一种印象：爱情小说是一种感觉，这种感觉伴随着恐惧，有些恐惧的时刻不仅在恋爱关系中表现出来，而且在性关系中也是如此”。常识也告诉我们，没有情境来定义一个名词显然偏颇，在这部小说中，“霍乱”是爱情的定语，也是爱情的“隐喻”。

“女人们躲避着阳光，就像躲避着某种令人不齿的传染病，就连清晨的弥撒中，她们也用纱巾遮着脸。她们的爱情迟缓而艰难，常常被不祥的预兆干扰，生命对她们来说简直也没完没了。”阿里萨的悲剧或者悲壮，就在于他过早就患上了一种类似霍乱症状的病症：爱情，它不仅有和霍乱一样的症状，而且会使得患者乐于受到煎熬。

毕竟，开篇所谓苦杏仁的气味，总是让人想起爱情受阻后的命运，已经暗中预兆了阿里萨的一生：这更是一本关于人生的小说，一个关于“耽溺”的故事，而短的总是爱情，长的总是人生。

了不起的盖茨比 vs 虚弱的菲茨杰拉德

盖茨比为何爱黛西

盖茨比已经成为流行文化中的重要因素，每隔十余年就会引发新的议论。“1945 年末，我遇见一个比自己小一岁的女孩，名字叫安，我对她一见倾心。安的父亲曾经显赫于中国的外交领域，一家人曾经环游世界……我从第三方面军总部借出吉普车，停在她家门口。佣人会带我进到起居室，我就一直等，只听到走道中某处有座老式座钟发出的嘀嗒声。安很少让我只等二十分钟……”当我读到一个历史学家的上述回忆段落时，第一反应此君也是民国盖茨比。

贫家少年爱上富家小姐的桥段虽然不新，却也赚足不少老少男女的眼泪。有种流传已久的说法是富人的女儿不性感，小说里最常见的主角往往也是我见犹怜的邻家女孩，那么为什么盖茨比偏偏要爱黛西，有多爱，爱不爱？

“太正常了！”朋友如是回答。自然，黛西是美的，按照小说里的描写，“她的脸庞忧郁而美丽，脸上有明媚的神采，有两只明媚的眼睛，有一张明媚而热情的嘴”。

与此同时，黛西也浮浅得似乎只剩下美丽，开场就是一部不成功的俏皮话，“我高兴得瘫……瘫掉了”。紧接着又是调侃管家鼻子，作者旁观得都似乎有点抱歉，“好像她说了一句非常俏皮的话”。

她总是满口亲爱的，随时准备抛洒热泪，以假笑期待对方付出真情，让人觉得她在期待你等待你，甚至喃喃低语据说也只是“为了让人家把身子向她靠近”，即使“她不过是随嘴乱说一气，但是却洋溢着一种动人的激情，仿佛她的心就藏在那些气喘吁吁的、激动人心的话语里，想向你倾诉一番”。

除了言语乏味、虚情假意（这二者勉强也算魅力），黛西自有其独到的魅力，尤其她的语态多次在书中闪现，其声音被反复强调有一种“激动人心的特质”，令人倾倒且难以忘怀，那是一种什么特质呢？

“一种抑扬动听的魅力，一声喃喃的‘听着’，一种暗示，说她片刻以前刚刚干完一些赏心乐事，而且下一个小时里还有赏心乐事。”

盖茨比自然就是那些为她倾倒且难以忘怀的男人之一。对于黛西的声音特质，他总结得更为敏锐直接，“她的声音充满了金钱”。而金钱，不仅是黛西呢喃声音的魅力源泉，也是她这个人的魅力所在，黛西整个人就是一个黄金女郎，唯有盖茨比这样的出身寒微的局外人，才更能体会富有出身对于黛西的意义，对于这样力争上游的年轻人，如何能够不对黛西死心塌地呢？

在盖茨比的自述中，黛西远远不是他的第一个女人，但却是他认识的第一个“大家闺秀”。黛西华丽的宅邸，也成为盖茨比爱情发生和幻灭的必要舞台，人生幻想与情感投射，皆离不开这些“美丽而凉爽的卧室”“雪亮的汽车”“鲜花还没凋谢的舞会”“沐浴在灿烂的星光里的凉台”“时髦的长靠椅”……

过去，盖茨比也没有机缘进入类似豪宅，他与这类人的交往自称存在“铁丝网”，当财富触手可及时，情爱也就演变为一种宿命般的雄心壮志，甚至，在他眼中，很多男人对于黛西的爱慕也不过增高了她的身价。

于是，利用军服隐藏真实身份的盖茨比，偶然得手黛西之后，也才明白自己并没有真正得到这位对他而言不同寻常的“大家闺秀”，他才深切地体会到，黛西可以回到她的优渥生活之中，失落的反而是盖茨比，也使他“越陷越深”地爱上了黛西，最终体会到金钱的魔力：“财富怎样禁锢和保存青春与神秘，体会到一套套衣装怎样使人保持清新，体会到黛西像白银一样皎皎发光，安然高居于穷苦人激烈的生存斗争之上。”

正如那句老话，告诉我你爱谁，我就知道你是谁。联系黛西对盖茨比的弃绝行为背后的冷酷与残暴，本质上她和汤姆是彼此配得上彼此（They deserved eachother），正如小说结尾所言，“汤姆和黛西，他们是粗心大意的人——他们砸碎了东西，毁灭了人，然后就退缩到自己的金钱或者麻木不仁或者不管什么使他们留在一起的东西之中，让别人去收拾他们的烂摊子……”

至于盖茨比，他爱上的并不仅仅是黛西的美丽，甚至不完全是黛西这个人，而是黛西背后作为财富的象征：获得黛西的爱，不仅是作为美国梦的财富成就人生的部分，也是作为新钱期待获得旧钱认可的重要一环。也正因此，对于黛西的爱也才被盖茨比视为“献身于追求一种理想”，而这种理想，亦是盖茨比对于财富汲汲以求的外界映射。

也正因此，如果爱是一种理想的话，那么可能只能是实现或幻灭。盖茨比就不是只要求得到黛西的人，所以他不仅要黛西和他在一起，而且也要将黛西的五年时光一笔勾销，要求黛西承认从没爱过丈夫汤姆，而且计划回到黛西老家，赢得其父母同意结婚——这不仅仅是要求爱情，而且是要求社会关系结合，难怪黛西在重压之下，出口而出，“啊，你的要求太过分了”！

爱情离不开社会背景，焦大不爱林妹妹如此，盖茨比爱上黛西亦是如此。盖茨比的故事背景是美国咆哮的 20 世纪 20 年代，这个时代勇于堕落又欣欣向上，慷慨给予盖茨比爱上黛西的可能，又一片片撕碎这种可能。如今盖茨比激起国内无数人的共鸣，部分在于穷小子逆袭失败的通感。

村上春树与菲茨杰拉德

对《了不起的盖茨比》一书的评价中，最流行的评价大概来自诗人兼评论家 T.S. 艾略特，他认为这是自亨利 · 詹姆斯以来美国小说迈出的第一步。短短不到 200 页的篇幅，却是一本我少年时期未能完成的阅读，始终觉得盛名之下，多少略有单薄，长处是善用象征，短处是戏剧化，其书其人经久不衰魅力何在呢？

每本书都有自己的命运，一旦写出，其价值也在自我生长。作者的效力就降低到最低，读者的理解将成为新的内容。虽然今人都把《了不起的盖茨比》作为美国 20 世纪 20 年代爵士时代的生动写照，可当年出版时销量并不佳。即使斯科特 · 菲茨杰拉德自己，对此亦感困惑和受伤害，但是海明威等人当时就意识到这是一部杰作，而菲茨杰拉德本人对小说的质量本身还是有信心，感到“既害羞又高兴”。

那么，爵士时代是怎么样的时代呢？这里引用译者巫宁坤的一段后记：这一时代一般指一战以后，经济大萧条以前的约十年的时间，菲茨杰拉德被称为爵士时代的“编年史家”和“桂冠诗人”，他自己评价“这是一个奇迹的时代，一个艺术的时代，一个挥金如土的时代，也是一个充满嘲讽的时代”。

这些描述听起来是否有亲近感？这几乎是所有变动时代的集体情绪所在，旧的已经毁灭，新的还没建立，希望在远处，迷茫在当下，大多是高度都市化之后才有的情愫。难怪无论读过还是没读过，人人都道美国梦，哪怕只是近日都市新闻用来比拟一下高价之下买房到手的复杂心情，“一句我们生活在盖茨比的时代”，貌似时髦又方便。

回看这部小说在国内的流行，多少因为村上春树的小说《挪威的森林》书里的主角如是盛赞：“《了不起的盖茨比》对我始终是绝好的作品。兴之所至，我便习惯性地从书架中抽出《了不起的盖茨比》，信手翻开一页，读上一段，一次都没让我失望过，没有一页使人兴味索然。何等妙不可言的杰作！”

很多人或许因此去阅读菲茨杰拉德，但真正热爱的少之又少，毕竟村上春树和菲茨杰拉德风格不同，正如村上春树推崇菲茨杰拉德的名言，“如想叙述与众不同的东西，就要使用与人不同的语言”。村上多年也是在追求“自己的故事自己的风格”，两人的作品很难说类似，不过某些情绪却无不相同之处：迷茫比肩惆怅，绝望并存希望，反叛共生妥协，享乐同时厌倦。

如前所言，这是一种非常都市化的感受，从社会学上看也有证据。有日本学者藤井省三研究村上春树文学在不同城市传播路径，发现其符合时间点上的顺时针原则，依次是从台湾、香港而后上海、北京，从南而北，不同的时间不同的城市背后，或许反映的是不同城市的现代化时差。

菲茨杰拉德的小说流行传播也离不开时代的物换星移，不过两本小说的发表时间点对比也不乏很有趣的地方。我的观察则是将菲茨杰拉德和村上春树放于他们身处的时代周期来看，两本伟大的著作都发表在两个社会的烈火烹油之际，却能够透视出即将到来的零落成泥。《了不起的盖茨比》发表于1925年，是沸腾20年代的顶峰，而一切都在1929年的大萧条年代中灰飞烟灭，至于村上春树的《挪威的森林》，则是写于1987年，也恰是日本风头最盛的时代，甚至喊出“日本第一”，最后却在90年代之后步入“失去的20年”。

这是巧合，但这两部小说的流行，背后也有其不同时代读者尤其是青年的集体呼应。能从繁荣巅峰看穿萧瑟低谷的可怕预感，大概只有小说家能够敏锐细微而不自觉地感受到。

回头思考，美国梦（甚至可以包含日本梦）就算随风而去，尚有《了不起的盖茨比》作为浮华时代的挽歌一曲，对比当下，除了层出不穷转瞬即逝的神奇新闻段子，我们的年代能留下什么呢？眼下的现实有时显得太过沉重，似乎也挤压了创作者的想象力。个人感觉国内作家或许最缺不是描写沉重，而是展示轻盈，即使国内最好的小说家似乎也面临这一困境。

从社会发展阶段而言，中国可能还没到达上述的美国甚至日本的那一时期，即使日后到了，我对于能否产生《挪威的森林》这一级别的作品也有怀疑，更不用说《了不起的盖茨比》。

毁灭与拯救

事实上，不仅是在《挪威的森林》向菲茨杰拉德致敬，村上春树第一部处女作《且听风吟》中就有闪现菲茨杰拉德的身影。至于村上春树本人，他是菲茨杰拉德作品的日本译者之一，评价菲茨杰拉德应该有发言权。他认为菲茨杰拉德本人，“不妨说是美国这个国家青春期激烈而美丽的表露”，至于《了不起的盖茨比》，他认为小说的魅力不仅在于其“毁灭的美学”，更在于“拯救的确信”。

我很欣赏这一判断。谈到拯救，就不能不说小说中作为希望象征的数次出现的“绿灯”。《了不起的盖茨比》也有别的译名，《大亨小传》被吐槽，《灯绿梦渺》少人知道，其实想想来看，绿灯确实在盖茨比的梦想中占据了很高的地位。

盖茨比没见到黛西时，只能隔着幽暗的海水奋力触摸黛西家门口的那盏绿灯，等他再见黛西时，那盏灯的巨大意义消失了，“神奇的宝物已经减少了一件”，又等到一切因死亡与叛变而尘埃落定的时候，绿灯又出现了，“盖茨比信奉这盏绿灯，这个一年年在我们眼前渐渐远去的极乐的未来。它从前逃脱了我们的追求，不过那没关系——明天我们跑得更快一点，把胳臂伸得更远一点……总有一天……”

这里的绿灯，令我不禁想到侯麦的电影《绿光》的传说，“谁能看到绿光，谁就能得到幸福”，简直类似宗教意义上的寻找圣杯，不过这里的宗教情感却又是个人而世俗的，因而也在各个时代，赢得不同共鸣。

小说之中，盖茨比怎么能够不爱黛西，也正如黛西不会选择盖茨比一样，“太正常了”，而在现实之中，童话禁不起成人世界的物换星移，菲茨杰拉德和妻子珊尔达未能曲终人合，也几乎是必然。

在《了不起的盖茨比》结尾，叙述者尼克离开盖茨比别墅的最后一个晚上，不仅感受到盖茨比对于绿灯的期待，也总结了其不可避免的悲剧性，“他（盖茨比）经历了漫长的道路才来到这片蓝色的草坪上，他的梦一定就像是近在眼前，他几乎不可能抓不住的。他不知道那个梦已经丢在他背后了，丢在这个城市那边那一片无垠的混沌之中不知什么地方了，那里合众国的黑黝黝的田野在夜色中向前伸展”。

合情合理的悲剧最令人扼腕叹息，一步步看起来不得不走，到头来却都是谬误，对命运的抗击与失落的虚空同存，理想的幻灭与永恒的希望对映，这也是《了不起的盖茨比》的力量所在。虽然我上篇说从情感层面讲黛西衬不起盖茨比的深情，但盖茨比对黛西的追求也超越情感而是一种理想，其伟大也不因黛西的不登对而付之阙如。

“黛西”可以是一个隐喻，无论是小说中的女神还是生活中的娇妻，无论是否值得，无论是否得到，最终恐怕难逃毁谤与幻灭，就像菲茨杰拉德晚期的喃喃自语“在灵魂的真正的黑夜里，日复一日，永远是凌晨三点钟”。毕竟，长的是人生，短的是梦想，但是支撑人生的，就是那盏似有若无的“绿灯”，真假不计。

菲茨杰拉德往往被视为“垮掉的一代”的精神代言，但垮掉的又岂止是一代人？触目所及，如果有心，何处不是疮痍、沉疴？正如菲茨杰拉德所言，所有的人生都是一个垮掉的过程，人生有时必须在“努力无用”和“务必奋斗”这两种感觉之间保持平衡，甚至“明明相信失败在所难免，却又决心非成功不可”，“‘自我’就会像一支箭一样，不停地从虚无射向虚无，这股力量是如此之大，唯有重力才能让它最终落地”。

萧条异代不同时。虚无之中，无处皈依的“自我”何处安放？即使对于小说是否高估有不同评价（譬如在我个人名单里，这肯定不是第一流的杰作之列），尽管如此，《了不起的盖茨比》在文学史上应该有其相应的地位。

盖茨比并不是完人，发家可疑，所爱非人，但小说中旁人对于盖茨比两个最常见的指控，一是没进过牛津大学，二是杀过人（包括最后开车撞死茉特尔·威尔逊），恰恰这些都不存在，而他身后事的寂寥，那些从他聚会中汲取欢乐的人反映的“不痛不痒、无关紧要”，更是反衬毁灭的残酷。

也正因此，“他们那一大帮子都放在一堆还比不上你”的盖茨比自有其“了不起”之处，他不仅代表了新世界美国梦的兴起与倾颓，更展现了人性中关于希望的浪漫期待。他不仅慰藉不同时代却忧伤依旧的年轻人们，也展现出其美国式精神（甚至可以说是人类乐观而天真那一级）的核心所在：他对于“黄金女郎”黛西的勇敢追求，不仅触及爵士时代集体情感，也挠到这个民族的痒处，一往无前，无知无畏。

盖茨比与菲茨杰拉德

福楼拜可以说自己就是包法利夫人，菲茨杰拉德会承认自己是盖茨比吗？至于菲茨杰拉德的人生和盖茨比的故事，又存在什么样的相互对照呢？

盖茨比与菲茨杰拉德有很多共同之处，无论家庭寒微还是曾经入伍，无论恋情还是外貌。海明威在《流动的盛宴》中这样写初见菲茨杰拉德时的情形，“他看起来像个孩子，一张脸介于英俊和漂亮之间。他长着金色的波浪形卷发，高高的额角，一双兴奋而友好的眼睛，一张嘴唇很长，带着爱尔兰人风度的纤巧的嘴，如果长在姑娘脸上，会是一张美人的嘴。他的下巴造型很好，耳朵长得很好看，一只漂亮的鼻子，几乎可以说很美，没有什么疤痕。这一切加起来远不会成为一张漂亮的脸，但是那漂亮却来自色调，来自那非常悦目的金发和那张嘴。那张嘴在你熟识他以前总使你烦恼，等你熟识了就更使你烦恼了”。

联系盖茨比初次出场的表情，是否有些神似呢？“他心领神会地一笑——还不止心领神会。这一极为罕见的笑容，其中含有永久的善意的表情，这你一辈子也不过能遇见第二次。他面对——或者似乎面对——整个永恒的世界一刹那，然后就凝注在你身上，对你表现出不可抗拒的偏爱。他了解你恰恰到你本人希望被了解的程度，相信你如同你乐于相信你自己那样，并且教你放心他对你的印象正是你最得意时希望给予别人的印象。恰好在这一刻他的笑容消失了——于是我看着的不过是一个风度翩翩的年轻汉子，三十一二岁年纪，说起话来文质彬彬，几乎有点可笑。”

考虑到海明威的毒舌以及菲茨杰拉德的自恋，盖茨比和菲茨杰拉德的形象显然有很多重叠，未必是俊美非常，但是自有风度，据说少年时候没能在大学打橄榄球一直是菲茨杰拉德的青春期重要遗憾，原因据说主要是身高，当然也有技术。

更为重要的是，对于命运，盖茨比和菲茨杰拉德多少都有宿命论的特点。菲茨杰拉德曾经说年少成名让人对“命运”而非“意志”产生了某种神秘的定义，“年少得志的人相信，他的愿望之所以能实现是拜头上的幸运星所赐”；而盖茨比决定黛西成为自己生命主宰的那夜，也听从了星辰的指示而放弃自己心灵的自由，“因此他等着，再倾听一会儿那已经在一颗星上敲响的音叉。然后他吻了她。经他的嘴唇一碰，她就像一朵鲜花一样为他开放，于是这个理想的化身就完成了。”

命运或许并无恶意，但不时在暗处冷笑，尤其当生活急剧变化之际，如同菲茨杰拉德所谓的“暴风雨来临到你的小船”，命运和意志的分野最终就自行延展。幸运而又不幸的是，菲茨杰拉德算是现实生活中成功娶得黛西归的盖茨比，结果又如何呢?

菲茨杰拉德家道中落，学业不振，甚至从普林斯顿退学，偏偏又爱上名门闺秀珊尔达。珊尔达是南方法官的小女儿，才华横溢又美艳动人，算得上有灵魂的升级版“黛西”。她和穷小子菲茨杰拉德订婚又悔婚，要不是后者凭借一本处女作《人间天堂》绝地逢生，两人也不会走在一起，甚至移居巴黎，过了一段奢靡岁月。

无论海明威的回忆录《流动的盛宴》还是伍迪·艾伦的电影《午夜巴黎》，不少篇幅都提到了菲茨杰拉德夫妇，都暗示写出《了不起的盖茨比》的作者为何没有更多更好作品的原因是因为珊尔达，尤其是她的挥金如土与喜好奢华，迫使菲茨杰拉德不得不写一些迎合杂志的故事。他认为自己只有从这些杂志赚到钱才可以写出更好的小说，主张全力写出最好小说的海明威则觉得这种行为近乎“卖淫”。

作为菲茨杰拉德的好朋友（海明威曾说没有比清醒时的斯科

特更忠诚的朋友，菲茨杰拉德甚至关于下体尺寸大小问题都会咨询海明威），海明威对珊尔达的不满毫不掩饰。他书中虽然写她非常美，“她的头发是一种很美的深金色”，却几次形容她像鹰（比如“她鹰般的眼睛清澈而平静”），而把菲茨杰拉德视为禁脔而不与他人同享，甚至觉得她嫉妒菲茨杰拉德的写作，总在破坏他的创作，在性等领域也在哄骗玩弄菲茨杰拉德。

虽然海明威是记者出身，但往年记忆未必靠得住，个人视角更是因人而异，他自己也说《流动的盛宴》可以看作虚构小说。不过，最终菲茨杰拉德和珊尔达这对“金童玉女”到底没有完美结果，没有节制的生活到底分崩离析，聪明的人往往没有聪明的人生，一个因为疲于谋生盛年而折，一个精神错乱最终横死精神病院。

很多年之后，也有人为珊尔达翻案，重新开启其被遮蔽的形象，甚至一说菲茨杰拉德抄袭其创作，对她不乏残酷之处，情节大反转快赶上 21 世纪版本的《罗丹的情人》。谁知道呢？一开始爱的那么深情不已，最后结局却如此惨烈怨怼，天才总是彼此折磨，才华不足以自保，生活不吝倾轧天赋，最优秀的头脑往往最先崩溃，谁牺牲更多计算不来。两个人的事情，永远没有真相，别人看一眼也往往是误解，遑论评价。

菲茨杰拉德就是盖茨比，盖茨比就是菲茨杰拉德，两人睽违而交叉的人生履历背后，是灵魂层面的相同。即使菲茨杰拉德的墓志铭，也早早在《了不起的盖茨比》于最后一段写就，“是我们奋力向前划，逆流向上的小舟，不停地倒退，进入过去”。未来不可期待，过去能否回归呢？这是另一个问题。

失去存在的人们

女人的爱

是被造成对男人有吸引力的

上主已经安排了它，他们怎么能够

避免上主已经安排了的事情呢

因为上主创造了女人

以便于阿丹可以从她那里获得安慰

阿丹怎么能够从夏娃那里被分开呢

女人是上主的一束光

她并不是世俗所爱的那个

她是有创造力的，而不是被创造的

——波斯诗人鲁米《无题》

01

关于男女爱情，自然是小说的永恒母题，作为当今最受欢迎的流行小说家，村上春树《没有女人的男人们》再次未能免俗。

村上春树已经成为日本文化乃至现代小说无可取代的主流符号，而他的最大问题，可能就是太流行了，所以除了每年诺奖陪跑之外，他的每本著作市场都非常关心，但高关注度并不等于好评。从近年的作品来看，三卷本小说《1Q84》备受好评，继而出版的《没有色彩的多崎作和他的巡礼之年》则被认为有故作玄虚之感，这次村上则拿出了一本短篇小说集，他的上一本小说集可以追溯到十年前的《东京奇谭集》。

熟悉出版的人大多知道，短篇小说是一个危险领域。例如英国作家乔治·奥威尔在伦敦书店打工多年，得出不少一线观察，一方面大众作品的主要读者是女性，“我们常说的大众作品——即最常见，不好也不坏，像高尔斯华绥那种让人唏嘘落泪的作品，通常是女性热衷阅读的。男人要么读他们认为值得一读的小说，要么就选择侦探小说”。另一方面短篇小说则不受欢迎，读者往往主动要求不要短篇小说：“如果你问其中的原因，他们会解释说，熟悉小说中那么多人物的性格太费力，他们只喜欢看那种读完第一章后就没必要再动脑子的书。”

如此情况之下，村上新著不仅是短篇小说，而且主打是男性，结果如何呢？无论市场反应如何，出版方永远会尽力争取版权以及营销，据悉中文版就要价不菲，毕竟，这就是村上，这个名字成就了他，也限制了他。这本书基本维持村上的三星水准与阅读快感，我甚至有点怀疑近年村上写作状态不是最佳。

02

《没有女人的男人们》全书收录7篇小说，主题都围绕着书名展开。7部小说中，主要视角大都是男性，《山鲁佐德》其实是唯一一部以女性视角展开的叙述（也是我个人非常喜欢的一部）。村上的小说，也引发一些新的讨论，即男性的式微。某种意义上，没有女人的男性，意味着被抛弃的男性，隐含深深的挫败感，“失去一个女人，就是这样。当你失去一个女人时，就好似失去了所有女人。我们也就这样变成了没有女人的男人们”。

现代社会的主流是变化和转折，女性解脱束缚，看起来如鱼得水，而男性则在适应社会角色转变方面，艰难转身。原因之一，也在于女性原本的社会身份较男性不重要，抛弃起来成本也较低，而男性社会化程度本来较女性高，投入的时间与精力的沉默成本自然也较大，导致男性在进化方面比较起来有落伍的嫌疑——如果你觉得社会话题关于女性困惑的也不少，可能忽略一个问题，男性不善倾诉的本质掩盖了诸多问题。反观男性友谊在主流文化中如此流行的背后，也隐含了男性对于女性倾诉的无能与无感，西班牙电影阿莫多瓦《对她说》部分展示了这种沉默背后的孤独困境。这点在村上的这本小说里也可以隐秘地看出一些线索，这些男主人公倾诉的对象，要么是男性（比如《独立器官》与《昨天》），要么是接近男性的女性（比如《驾驶我的车》）。

伴随着技术的进步，人类的转变越来越剧烈，而其中男性的焦虑程度似乎大过女性，因为他们在主流位置居多，受到冲击更甚。这焦虑似乎也有基因上的证据，有科学家预测，男性为代表的 Y 染色体基因数目正在不断减少并可能在未来 500 万年内完全消失，这进而导致一个不可避免的前景，即男人将消失——当然，后续也有研究表明不同的观点，即虽然 Y 染色体上的基因正在减少，但是剩下的基因将有更为明显作用，因此不会彻底消失。

“没有女人的男性”背后是失去女性，而这种消失事实上也成为一种社会变化的隐喻，“某一天，你突然变成了没有女人的男人们。这一天的到来，有时连一点点迹象都没有，也没有预感与征兆，没有敲门，没有提醒你的咳嗽，而是唐突地造访到你的跟前。一个转角，你知道自己在那里所拥有的东西，但已无法返回。如果一旦拐过弯，那对你来说，就变成了一个只属于你的世界”。值得一提的是，这些失去女人的男人们的叙述往往是回忆，甚至是过去已久的回忆，这多少也与现实中微妙的男女情况有关，无论强势与否，女人往往提前掌握一段关系的结局，属于先知先觉，而男人往往呈现出一种后知后觉。这或许源自男性社会定义在于理性与逻辑，而将女性定义于感性与融合。

回忆除了提示后知后觉，也暗示了男性的焦虑与无力感。这点可以对比最近一部电影《Her》。离婚的男主人公西奥多寂寞无比，他爱上一个程序萨曼莎，两人在对话中获得最大满足。不过随着情节的发展，萨曼莎也在升级，她最终坦白有 8316 位人类交互对象，与其中的641位发生了爱情。她认为自己深爱西奥多，而且这种爱不会因为别人而不同，但最终，系统的升级导致她最终离开人类，留下再度陷入寂寞的西奥多。

从某种意义而言，与外在强势成为对比，男性内在往往没有女性丰富，面对打击变化更为滞后，正如作家马尔克斯曾经说过的一句名言，“更不幸的是，他是个男人，比她更为脆弱”。

总体而言，这种性别概念是过去式的，在面对现代社会转型时候就遭遇各种不适。以此而言，对性别的再定义本来就是对于人性的还原。如果追溯到希腊哲学家柏拉图的爱情观中，人类本来是连体阴阳人，随后分开成为男人女人，导致二者彼此一生不断在寻找失去的另一半。

这种比喻充满灵性，但也意味着日常男性女性的残缺性，而这种不完美性在柏拉图的世界中只有与正确的另一半结合才能弥合。这种模式不乏理想，但缺乏现代性，最终快乐幸福的结尾只是一种概率上的可能，某种程度上无视没有找到另一半以及丢失另一半的过程才是人生的常态与现在进行时。最好的性别是两性合一，这本来就是健全人性的本质。心理学家荣格在分析人的集体无意识时，曾经发现男人的无意识中有女性，女性的无意识中也有男性，二者如果不协调，就会发生碰撞与扭曲，这种纠结在现代社会是常态，指向了现代人的存在。

03

《没有女人的男人们》看似说男人，其实是关于存在的思考，更多是谈论一种存在，即贡献出爱之后与爱消失之后，我们是否还是同一个人，而以其间的变化来感知我们本身的存在。看似谈男女，上述情形在《独立器官》中，表达的最为明显。

主人公渡会也是一个失去女人的男人，“变成没有女人的男人们是非常简单的事情。深爱一个女人，随后，她消失于某处，这就行了”。他本来是一个唐璜式的单身贵族，拥有优渥生活以及专业技能，也潇洒周旋于不同女性之间，最终却因为爱上一位特定的女性，“对我而言，她是个特别的存在。她所拥有的全部资质都朝向一个中心，并紧紧相连。不能一个个抽离来测试与分析孰优孰劣，孰胜孰负。而且正是那个中心里的某些东西强烈地吸引着我。如同强力的吸铁石。那是一种超越理智的东西”。因为爱情，渡会接触了更深一层的人生，他开始思考存在，甚至联系起德国集中营的犹太人来。但他的生活发生逆转，最终导致自我的死亡。

渡会甚至提出一种“独立器官”的理念，“为了编织谎言，所有的女性都天生地装置着类似特别的独立器官的东西。怎样的谎言，在哪里，用什么方式编织，因人而异稍具不同。编织谎言的时候几乎所有的女性都是面不改色，声不变音。之所以这样，是因为那个时候的她并不是她，而是她身上装置的独立器官随意驱动了起来”。事实上，这不仅仅是女性，男性也是如此，爱往往是独立于人格，我们会无端爱上一个人，也会无端因为不爱而欺骗，当我们受到爱情驱使的时刻，正是独立器官在发挥作用，正如助手眼中的弥留渡会，其实也在独立器官的控制之下，“看上去先生就是个活死人。一个真正的不得不埋于地下，绝食变成木乃伊的人，但由于不能抖落尘世烦恼，不能彻底变成木乃伊，故又爬出地面来。已经魂飞魄散，也没有重新返回的希望。即便是身体器官还在不言放弃地独立驱动着”。

一直能够坦然抽身的渡会，其实只是没有真正深爱过，而这种毁灭性的爱，也是受到“独立器官”的控制而触发，“所谓的爱恋，原本就是那种感觉。变得不能自已掌控自己的理智，感觉到像被非理性的力量所翻弄。感觉上不想失去所爱之人，永远想见所爱之人。如果有一天不能相见，或许就是这个世界灰飞烟灭之日”。这种虐心的爱是爱么？如果按照弗洛姆的说法，这种爱无非是一种自我虐待，或者说是逃避自由，同时无数案例告诉我们，爱情无所谓正道，可以是一种温柔的臣服，也可以是暴烈的献祭，本来就是歧路丛生，但爱是一面镜子，可以透视自我影响与世界万物。

爱的囚徒，确实和集中营的犹太人并无区别。所谓集中营囚徒式的“游走的棺材”，一方面人都被剥夺了原有身份，另一方面也借此反衬原有身份的虚妄之处与转瞬即逝。如果从哲学意义来阅读村上，难免感觉日本人好像理性建构能力远不如其感受性叙事，不过村上的引人叙述以及都市奇幻色彩，使得全书增色不少。

换个角度而言，存在的本质之一如果是直面自己的人性，那么也意味着孤独的绝对性，正如村上自况，“年轻时候的孤独，之后能够重新填满能够再次恢复，但是在某个年龄阶段，孤独就成为近似于‘孤绝’的东西”。

村上春树的色彩巡礼

名字好似一个天然的咒语，日日复复的念叨呼唤中，其实都在重复施咒，从出生到死亡，隐约无形地与命运起伏缠缚并生，涂抹出人生的轨迹，谁也不能豁然，无论人或书。村上春树和他的小说往往也受困于他的名声和畅销，在《没有色彩的多崎作和他的巡礼之年》中，主人公也面临类似的尴尬与困惑。

他叫多崎作，他曾经认为自己的名字要是带个颜色，一切就完美了。在名古屋读高中时，他和密友组成了五人小团体，五人都出身有产阶级，偶尔结识便非常投缘，都有自己需要其余四人，同时其余四人也需要自己的和谐感，而维持这个五人团体的生存几乎成为他们生活最大的主题，共同行动是彼此的最高享受。

其余四人是两男两女，名字中含有颜色，绰号分别为“赤”“青”“白”“黑”；四人的性格也和名字的颜色隐约对照，赤的聪慧，青的敦厚，白的端正，黑的幽默。唯独多崎作的名字没有颜色，可谓“色彩稀薄”，进而懊恼自己缺乏鲜明特征和个性，甚至对是否在真正意义上被这一团体需要一直并不确定。

凡事都有因果，作最终去了东京读书，4人留在名古屋，友谊无碍延续，然而在大二那一年，作却遭遇了4人的集体断交。作并不知道原因，这一打击改变了他的人生，成为不可直面的隐伤。直到36岁那年，在女友的鼓励下，他重新拜访4位友人，试图揭开真相。

这就是故事的起因，也是故事的大概框架。人物依旧充满村上式疏离感与异乡感，也少不了人群中的惶惑与迷乱。故事看起来很简单，处处却充满了象征和隐喻，书中作为线索和背景多次闪现的钢琴王子李斯特的《巡礼之年》音乐自不待言，即使主人公的名字也有多重解读。除了没有颜色的字面含义之外，也对应他的真实人生。他的母亲曾经希望为他起名“创”，但父亲觉得这对于一个孩子来说过于艰难，便取了更为朴实的“作”。而作从小喜欢看火车轨道，大学学了与之相应的专业，最后也留在东京建造火车站，名字和他的选择一一对应契合。

村上春树本人也逃离不了名字的规律，30 岁前开酒吧，和文学关系就是想做个读者，快 30 岁时开始写小说，居然最后以此为生，做得还不错，虽然屡次和诺贝尔文学奖无缘，但算得上名利双收。他刚出道时，据说很多人都不喜欢这一名字，觉得是有意起的奇怪笔名，哪知这恰是本人真名；他颇为看重的一本小说是《世界尽头与冷酷仙境》，据说 1985 年刚出版时因为名字太长而不那么受欢迎，时隔多年后，他的新作《没有色彩的多崎作和他的巡礼之年》则被认为有意用长名字吸引关注。

这是村上三年以来的新作，宣传一如既往地标榜这本小说在村上的作品中“与众不同”。在 2015 年村上再度与诺奖擦肩而过之后，也有评论揶揄他老了或过于通俗，但是这并不妨碍这本书刚一面世又创造了销售纪录，日文版上市 7 天突破 100 万册。

这其实是一本很好读的小说，前半部有悬疑小说的节奏，但也令人困惑，为什么在写出《1Q84》这样大部头的三部曲之后，村上会去写一本这样带有浓郁怀旧气息的青春小说呢？或者说，在有能力问鼎世界一流文学殿堂之际，本应激流勇进，村上为何要推出这样一部看似过于“小清新”的著作？须知，作家的创作生命有限，往往面临不进则退的宿命与压力。

村上自己认为这是一个有关成长的故事，“人若真的受伤，通常会无法直视伤口，想隐藏它忘却它，把心门关起来。要成长，伤痛就得大一点，伤口就得深一点”。从这个意义上说，主人公重新访问四位颜色友人的过程，也是一次自身颜色的定位，更是心灵的成长之旅。他最终发现，自己在当年密友眼中不仅不是没有个性，而是被认为精神坚强、能给别人带来心灵的平静，他的回访也让昔日友人有机会倾诉，重新获得救赎的可能。

书名中的“巡礼”来自钢琴王子李斯特的经典作品，对应原文是“pilgrimage”，也有朝圣的意思，宗教意味不少，作的行为显然是在呼应这一主题。这是巡礼，也是主人公的怅然回首，而对于村上自身来说，写这样一部结构单纯的成长小说，何尝也不是对自己小说生涯的集体回顾呢？

不少细节与桥段，从开头到主题，依稀可以看到村上作品过去的影子，“从读大二那年的七月起，直到次年一月，多崎作几乎只想着死这一件事……那个时候要跨越隔断生死的门槛，分明比吃下一只生鸡蛋还简单”。这开篇多少让人有《且听风吟》与《挪威的森林》的恍惚感觉，而主人公与现实叠加的梦境，则与《世界尽头与冷酷仙境》和《1Q84》中的多种时空不无联系，而五人团体不可避免的瓦解，更让人联系到村上的《地下》中他对于各类组织的无感与抵触。

事实上，关于青春的痛楚、抗拒、成长一直是村上作品的母题之一，或许有人觉得幼稚，但事实上这也是人生的核心，很多人在这一过程中迷失或蜕变，伤痛也不得不背负一生，就像书中重复的那句台词：“她在我的心上挖了一个很深的洞，到现在还没有平复。”

这是一本成长小说，读完确实若有所失。从某种意义而言，我们都有隐而不言的伤痛，有的甚至一直没有痊愈，只在深处腐蚀溃烂。时间浸泡我们，有时候是蜂蜜，有时则是卤汁，每一次久别重逢也注定再次分离，每一款辉映组合每每沦为四散零落，甚至每一次倾盖如故也往往是白首如新的开始。在村上的世界中，孤独是宿命的，但也是开启个人成长的必然途径，村上的态度是“大概只能尽量诚实地面对我们自己”，正如书中人物多次引用的这句台词：“我们可以给记忆盖上盖子，但是绝不可能掩盖历史。”

人生苦长，但并非没有自由。中年回头多是不堪，却是免不了的自省，纵隔着千山万水，时间最终会浸没所有人。撕裂这些创口意味疼痛，也意味着痊愈的可能，唯有诚实，才是自由之途，不过结果并非总是坦途。这人生的永恒真相与怪诞困境，这种自由很多时候可能只是苏菲式的选择，就像村上书中那个荒谬的例子，如果必须选择拔掉你的一个指甲，同时也给你选择自由，是脚指甲还是手指甲？

我相信的，是一切都不确定

我们常常希望写下的就是永恒，事实上更多时候文字有如流言，写在水面上，分分钟都有散去的可能。那么文学的意义是什么呢？

这是 20 世纪 80 年代的问题，也近乎无解的悖论，尤其是生活在速朽的年代。之所以提起这个话题，也因为近期参加某个活动，朋友们谈起文学评价的模糊，似乎都认同伟大的写作背后都有确定性的价值观，从托尔斯泰到雨果。

文学应该有价值观吗？或者，什么样的价值观呢？至少对于我来说，我对于不确定性的偏好要大于确定性，我甚至认为这就是文学的丰富性与独特性所在。按照日本作家村上春树在《无比芜杂的心绪》中的话，文学提供的是多尺寸的鞋码，大家要试很多也未必合适，但却觉得好像有“某种意义”。

那么，“某种意义”指向何处呢？还是一个永恒的哲学问题：认识你自己。故事与人类最为紧密的连接，说书人的传统可以上溯到原始时代，而文学则是对于这种传统的延续。村上把故事比喻成魔术，小说家将其作为“白魔法”来使用，而一些极端宗教组织则将其当作“黑魔法”利用。

毋庸置疑，黑魔法肯定比白魔法更有有诱惑力。村上认为黑魔法指向绝对性，白魔法指向相对性，绝对性以干净的现实 B 取代混乱的现实 A，这种替代看似一种逃离以及解脱，但是现实 B 真的是现实的吗？其中的自我看似获得确定性，却往往已经导向迷失。

在人类历史，黑白魔法多次搏斗，而确定性与不确定性的分野亦隐含其中。村上定义小说家为“就是以多作观察、少下结论为生的人”。所谓“多作观察”，在我看来就是对于不确定性的展示，而“少下结论”则是对于太过确定性的警惕。这令人想起最近叙利亚诗人阿多尼斯在上海的一次表达，他认为世界是一个问题，不是答案，“如果一个诗人声称诗歌表达一切，这意味着诗人和诗歌都结束了，因为你都已说完一切。我的困惑是，我想要全知全能的困惑，我只知道一件事情，就是我什么都不知道。这是人说过的最伟大的一句话”。

回看上述所言托尔斯泰与雨果等，今日看来固然文豪依旧，但更类似青年时候的爱恋，如今更多远观而已，近乎别人之好，而非当下所喜。抛开经典永恒等宏大沉重的字眼，我现在更为偏好村上这样的作者，因为距离足够近，姿态较现代，态度也足够开放。

这从村上的杂文集《无比芜杂的心绪》中可见一斑。如果你在《当我谈跑步时，我谈些什么》看到村上春树的意犹未尽，那么这本书拉拉杂杂有村上三十五年来的杂文，不仅可以了解村上其人其事，更可窥见其精神世界：村上春树的姿态是一种接近世界公民式的存在，谈自己谈小说谈翻译谈音乐都不弄玄虚不缺诚意，除了写畅销书这点让势利的文学评论家诟病之外，村上春树实在无愧于中国台湾小说家邱妙津所谓的“可爱的大朋友”，在无尽的空虚与冷酷中给予大家一些实质的慰藉与幽默。

我推荐村上，不是因为他是唯一，而更多因为村上是常人够得上的大师，文章和人一样好。每逢诺贝尔文学评奖，日本作家村上春树往往成为得奖人选的热门，得奖与否有时并非唯一目的，但是村上受欢迎程度或许会成为其夺冠的障碍。《无比芜杂的心绪》中的很多细节会使心受刺激，像他见卡佛时，为后者毫不做作而震惊一样。村上翻译了很多卡佛的小说，但他平生只见过卡佛一次，那是一次村上自认给人生留下巨大温暖的见面。当他去卡佛家中拜访时，卡佛更多的反应似乎是干吗特地为了我，潜台词是自己好像没那么了不起，甚至流露“不好意思式的讪笑”，村上甚至想告诉他说，“其实您不妨再倨傲一点”——读完这本册子，这也是我对于村上想说的话，您怎么这样诚恳。

关于村上，还有一个真实的小故事。大家应该都知道村上超级畅销的新著《1Q84》取材自奥姆真理教的新闻，而《1Q84》

的故事原型又与《世界尽头与冷酷仙境》有关。村上的一位读者曾经深陷另一个极端宗教的陷阱，甚至被送到与世隔绝的修炼场之类的场所——我猜想这样的场所类似中国新闻中的传销组织吧，管控想必严苛。他偷偷在箱子底下藏了一本《世界尽头与冷酷仙境》，每天悄悄读一段，最终费尽功夫才从那边脱离，重新过上正常生活。

这是一个虚构的故事引发的真实的回响，一场文学意义上和生命意义上的双重救赎。一本想象的小说为什么对残酷的现实有那么切实的功效？这或许就是开篇所谓文学意义所在，也就是对于不确定性的包容，这种包容本身也是一种确定。

我们生活在一个不确定性的时代，因此大家对于确定性分外渴望，如同孤独的羔羊渴望神迹的指引，但是这种渴望很可能成为一种耽妄，而这种确定性，很可能构成一种封闭。走出确定性的封闭逻辑注定痛苦不适，但如果认可未经反思的人生不值一过，那么追求不确定就是我们的宿命，唯有不断怀疑不断自省不断抛弃才能更为接近未知的自我与真相。

最后，用卡夫卡通信中的一句话作为结束吧，这也是村上喜欢的句子，“我想，我们应该只读那些咬伤我们、刺痛我们的书。所谓书，必须是砍向我们内心冰封的大海的斧头”。

那么，从怀疑确定性开始吧。

另类海上花

中国都市的现代性，与开埠不可分离，而其中旧上海更值得一书。其实上海好的光景不过几十年，其兴起背景，时局变化导致人口巨量流入，人口涌入而百业兴旺，亭子间文化也成为上海一大特色。按照作家木心的说法，只有上海人知道“亭子间”是什么东西，“住过亭子间，才不愧是科班出身的上海人，而一辈子脱不出亭子间，也就枉为上海人”。

亭子间面积往往不过六七平方米，算是上海石库门房子中的条件不好的地方，最初要么作为阁楼，要么用来堆放杂物。随着上海租金日涨，不少人也涌入亭子间，二房东纷纷兴起，亭子间也开始走红，一家人住也不少见，其中少不了文人，例如作家鲁迅杂文集有《且介亭杂文集》，“且”和“介”分别取了“租界”的一半。当时鲁迅住在上海虹口区四川北路一带，且介亭就是租界亭子间之意。另有一说，当时鲁迅所住地段原本是租界边缘，但是租界随着修建道路的衍生取得管辖权，所谓“越界筑路”，因而算是半租界，且介亭就是半租界亭子间之意。

无论如何，亭子间中，来去匆匆，除了各色文人，当然也有三教九流，亭子间文学也成为一大特色。其中翘楚者，当算周天籁的《亭子间嫂嫂》。我小时候偶尔听说过《亭子间嫂嫂》，但并没有看过，最近和一“海归”数学家聊起此书，他少年时看过，对这书尤其念念不忘，迄今仍向我推荐，我由此机缘凑巧开始读此书，觉得大有“沧海遗珠”的感慨。

“亭子间嫂嫂”是一旧上海私娼顾秀珍别称，因独住在石库门房子中较差的亭子间而得名。以隔壁文人朱先生的眼光来看顾秀珍的卖笑生涯，门前各色人等交关，可见旧时风土人情。上海学者贾植芳评价说“亭子间里，看上海黑道白道，风尘女子，说社会伤感故事”。至于周天籁，如今知道的人不多。周天籁出生于 1906 年，13 岁来到上海，他被认为是上海话作家，但其实他是安徽人，这在《亭子间嫂嫂》男主人公“朱先生”处也有自述。

当年他来上海，从学徒做起，以儿童文学起家，最终被认为市民文学代表，除了《亭子间嫂嫂》等多部小说之外，周天籁晚年散文也为人称道。

《亭子间嫂嫂》原本刊在名不见经传的《东方日报》，这张报纸从此走红，发行量也从3000份增加到20000多份。据悉《亭子间嫂嫂》连载50万字后，周天籁不堪重负，准备结束，在报馆老板的恳请下，最终写到100万字，最后亭子间嫂嫂被周“狠心”写死才算结束，但后来在读者呼吁之下又出续集，依旧分外火红。

周天籁甚至亭子间文化，大背景都与旧上海当时的租界生态与报业繁荣有关。周本人在20世纪40年代还在继续写作，随着各类报刊在1949年前后停刊，周本人在1951年去香港，本意办报，不成而加入邵氏兄弟影业公司，从事宣传，60年代移居台北，80年代初期返回大陆，可惜不久就亡故。周的题材本身不在主旋律之中，加上离开大陆日久而回乡时间不长，使得周天籁近乎中国文学史“被除名的人”。

90年代之后，30年代的上海重新翻新出炉，成为流行文化一部分，但周天籁之类反而籍籍无名，有待挖掘。有人评价他最能代表上海风情，他的作品中不少原汁原味上海话，活灵活现。以《亭子间嫂嫂》以及续集为例，一套书三大册，但是行文流利，一路翻下来也不累，闭上眼似乎还能听到《亭子间嫂嫂》的满口苏白，很有上海人所谓“敲敲头顶，脚底板会响”的意思。有人撰文总结出周天籁文章中常用的“上海闲话”，例如“象牙筷上攀雀丝”“杀枯榔头”“调花枪”“勒煞吊死”“邪气结棍”“五筋合六筋”“黏滋疙瘩”“呒亲头”“晏歇会”，等等。如今本土上海作家未必有周氏功底，能将日常方言自然融入叙事而不失鲜活。

更难得的是，即使写娼家故事，情节清爽干净不说，文章尤其有一种都市特有的人情味，一方面写出市民生活不易，比如亭子间嫂嫂为了应对生活成本，有机会就以“交房租”“做衣服”名义敲诈客人，丝毫没有心理负担，另一方面，亭子间嫂嫂对人也留有余地，大方起来不仅完全不谈钱，甚至还会补贴给已经落魄不堪的旧客人。

娼妓是市民文学极为重要也被忽视的一块内容，其中最为出名的大概是《海上花列传》，张爱玲曾经感叹“《水浒传》被腰斩，《金瓶梅》是禁书，《红楼梦》没写完，《海上花》没人知道”。胡适、鲁迅等人对于《海上花列传》评价甚高，加上台湾导演侯孝贤的电影，更使得这部小说为人所知，比起《亭子间嫂嫂》，知名度可谓天上地下。这两部小说题材接近，但是小说技巧以及内容其实区别很大，对比来读非常有趣，但是简短说谁不好并不公允。《海上花列传》是前后呼应用心颇多的长篇小说，情节平淡中暗藏起伏，聚集于高级妓女，其中的场景甚至有些冷清；而《亭子间嫂嫂》是逐日逐月报章连载，情节追求戏剧化而有欠深度，人物也是中下层妓女，颇有一派小市民的热闹。从小说技巧而言，《亭子间嫂嫂》没有《海上花列传》来得复杂，情节也不乏直接重复之处。

也正因此，《海上花列传》和《亭子间嫂嫂》看似都写娼妓，但社会阶层完全不同，前者是聚焦高级“长三”，后者则是下级私娼。何谓“长三”？这就不得不引出更多掌故，旧上海娼妓分为好多种类，从高级到低级粗略可以分为书寓、长三、幺二、咸肉庄、台基、野鸡、花烟间、钉棚等。

所谓长三，也就是源自最早陪酒三元夜度三元的规矩，一位20世纪三四十年代的上海小开曾如此写长三的排场，“门口有带玻璃罩的电灯，罩上写着当红姑娘的花名。经营者大多是年老未曾谋得归宿的姑娘，或嫁过后下堂不愿重作冯妇、有能力独当一面的女性”。长三也不是什么客人都接，除了看样貌更看色艺应酬，往往也叫“先生”，客人来往花费千金也可能无所着落，而长三一般应酬的也是相熟的客人，相熟的人也往往把长三所在作为谈事情的场所，甚至长三在客人的生活中交际的作用大于性需求。

这点在《海上花列传》已经铺陈比较明显，中国男人过去的早婚往往导致情感荒芜，妓院尤其高级妓院往往成为情感启蒙的开始，性反而不是最直接的目的。张爱玲尤其指出，“就《海上花》看来，当时至少在上等妓院——包括次等的幺二——破身不太早，接客也不太多，如周双珠几乎闲适得近于空闺独守——当然她是老鸨的亲生女儿，多少有点特殊身份，但是就连双宝，第十七回洪善卿也诧异她也有客人住夜。白昼宣淫更被视为异事（见

第二十六回陆秀林引杨家妈语）。在这样人道的情形下，女人性心理正常，对稍微中意点的男子是有反应的。如果对方有常性，来往日久也容易发生感情”。

比较之下，“幺二”资费就次了一级，也比较直接，据说名字是来自打茶围一元侑酒二元，而据说幺二往往对于客人生熟不拒。一本西人研究旧上海娼妓生活的著作《危险的愉悦》就总结说，“在通货变化的年代，幺二们实际的收费标准如何不清楚，不过民国年间要让妓女晚上陪伴助兴，耗费肯定大大高于幺二名字所示。众口一致的是幺二唱功不如长三，卖色费用也低于长三。幺二妓院规模一般较长三妓院大得多，每个妓院还下设许多小的堂子”。

长三、幺二曾经是旧上海风华的代表，多是苏州籍贯，鲁迅《南腔北调集·关于女人》就曾戏谑“民国初年我就听说，上海的时髦是从长三幺二传到姨太太之流”。饶是如此，幺二已经被长三相当看不起，至于亭子间嫂嫂，更是等而下之，属于私娼，舍不得出钱捐“照会”——所谓照会，就也是妓女公开执业牌照。《亭子间嫂嫂》开篇就有顾秀珍因为没有照会被租界拘留了一夜的情节，没有照会也是“因为捐不出”。换而言之，亭子间嫂嫂属于比较低等的妓女。她年轻貌美，能言善道，书中多次说她“一副台型”可以拍电影，不输蝴蝶、顾兰君等明星；嘴巴厉害到可以驳倒多人，读政法毕业可以做“律师”；打扮起来不是被认为少奶奶就是女学生，可惜吃亏在不识字。她本来是嘉兴人，为了招徕更多客人冒充苏州人，平时招揽客人也是游跑公司走客栈，甚至兜马路。

因此,《海上花列传》是长三先生们的高冷交际,《亭子间嫂嫂》是市井妓女的热闹皮肉，前者是狭邪小说中的正经文学，后者是亭子间文学的旁逸斜出，各有各的好。二者在过去或许艺术评价差异很大，但是在今天却有一种相同的情致，都令人怅望旧时光。看到近日报纸采访一位以写旧上海闻名的作家，问如何知道当时人的生活，答曰：想象——这或许是诚实的想象，但是这座曾经伟大热闹城市的芸芸众生，其间生存生活毕竟不是现代人能够想象得来的，对比之下，这类旧小说的好不仅意思入骨入味，更在于是当时的人所写，即使并非亲历，也是目睹或者间接生活，种种情景都有过去时间的情味与重量。

多说一句，亭子间嫂嫂住在四马路会乐里，即今天的人民广场来福士，而会乐里过去是上海娼妓的大集合点，按照《上海县志》资料，“新会乐里的娼妓最为活跃。28 幢房屋，除一家是乾元药房外，其余都是妓院”，据民国 37 年（1948 年）户口登记簿记载，“会乐里有妓院 151 家，妓女 587 人。1949 年 1 月统计，这里妓院总数达 171 家，约占上海当时的妓院总数 800 家的五分之一”。

随着 20 世纪 50 年代的娼妓改造，会乐里不可避免地发生改变。根据官方资料记载，“1951 年 11 月，上海市人民政府下令禁娼，封闭妓院，成立妇女教养所，收容她们学文化，学简单的生产技能，并为她们治疗性病，逐步就业。当时会乐里尚剩有 10 余家妓院，53 名无家可归的妓女，均由妇女教养所收容。据 1958 年会乐里居民委员会统计，曾在妇女教养所收容教养的 53 名妓女中，除一名暗中重操旧业，被送去劳动改造外，其余 6 名在家做家务，24 名参加里弄生产工作，22 名在工厂、商店、学校、医院工作，其中 16 名成为单位的生产骨干，被评为生产能手。53 名中有 46 人组织了家庭”。

一切新的碾过一切旧的，于是红粉都平复了，只有一二文字，尚能留存当时诸多女子的爱与恨，变动的大时代与生活的细碎段落。

青白男女三界情执

青蛇 & 白蛇

在古典书写中，青蛇其实是没有立足之地的。

在《白娘子永镇雷峰塔》中，白蛇的侍女换作“青青”，甚至不是蛇，而是一条青鱼；至于《蛇性之淫》中，青蛇甚至没有名字，一直以“丫鬟”代指。比起许仙，青蛇几乎是一件可有可无的布景。

目前青蛇底本颇多，基本可分为两类：古典与现代。前者多来自明人冯梦龙的《警世通言》中《白娘子永镇雷峰塔》，一说更早也源自《唐人传奇》与《宋人话本》，日本江户时代流行怪谈中《蛇性之淫》也大致据此改编，甚至流行一时的电视剧也因此敷衍而来，迎合了民间的传统想象。更为现代解读之中，最为特别的显然来自李碧华，无论话剧还是电影，《青蛇》可谓另类故事新编，我想侧重聊聊后者。

到了现代，青蛇则取代了白蛇，成为主角，显然今人也是借青蛇之酒杯，浇心中之块垒。她对情爱的态度，更是现代女性从懵懂到耽溺再到幻灭的寄托与隐喻，所以《青蛇》这样一部小说，这样一部话剧，天然带有女性视角，出自女性之手，真是顺理成章。

至于白蛇，看起来很传统，也很主动社会化，即使到了现代，亦然“赶忙地适应潮流”。白蛇从赠银到开店，从盗仙草到生子，再到水漫金山，“妻”的身份对于她是枷锁，也是勋章，是她一步步被文明驯化的路径，不过，李碧华的书写中，也看到一种现代的解读，白蛇也在被“驯化”过程中学习掌握了隐蔽的反向操控技巧，她看似没有边际的给予，其实也是在索取固定的回报。她对于许仙的种种好处与情债，何尝不是一张温柔而细密的网呢？这也是一种不可承受之重，甚至顿生出逃的压力与窒息。爱情往往被讽刺为女性最伟大的谎言，但爱情同样是一种手段、一种压迫甚至一种软暴力，正如德国导演法斯宾德所谓“爱情是一种最精良、最狡猾也最有效的社会压迫工具”。

“每个男人，都希望他生命中有两个女人：白蛇和青蛇。同期的，相间的，点缀他荒芜的命运。”——显然是李碧华对于红玫瑰与白玫瑰的致敬，两种特质对于男性来说有其吸引力，只是都有保质期。对于大部分男人，娶白蛇为妻，以青蛇为情人，大概是最寻常也最合理的路径。

青蛇和白蛇，不仅是两种女人，本质也是两种生命形态。白蛇更为教化，男性是其生命的决定性甚至是唯一角色，青蛇则更为原始，男性只是其生命的体验之一，即使是重要体验。青蛇的形态显然更接近生命本源，更为丰富。

除了红白玫瑰比喻，我更觉得白蛇青蛇类似《金瓶梅》中潘金莲与庞春梅的组合，抛开那些贤妻良母和淫娃荡妇的成见和分别心，金莲和白蛇都是美人，必然都有“从上往下看，风流朝下流；从下向上看，风流往上走”的形神仪态，但美则美矣，总是缺点什么；她们的美总是作为客体而存在，更多是为他人而美的意思，没有男人在其身畔，她们的美总有分分钟枯萎的嫌疑，白蛇会叹息“一个女人装扮给另一个女人欣赏，有什么意思呢？”“一个女人赢得另一个女人的赞美，又有什么乐趣呢？”金莲则轻则骂负心汉打相思卦，重则“脂粉懒匀，茶饭顿减，带围宽褪，恹恹瘦损，每日只是思睡，扶头不起”。

对比之下，春梅和青蛇不同。没有男人时，春梅还有兴致理会四时节气，寻来凤仙花涂指甲油，而男人并不比女性来得多重要，才女田晓菲也注意到这里，分析说“这种情兴，是一种与取魅于男人全不相干的生活情趣，是精神上独立自主的表现”。青蛇争许仙，多半是为了赢回在白蛇心中的昔日地位，而春梅委身金莲情夫陈敬济，更是金莲一手安排。所以等到一切都过去时，青蛇自问，“没有男人的生活，不是一样过得好吗？”

补充一句，日本蛇女形象显然与中国民间对于白蛇的憧憬不同，其对爱情种种决绝霸占表现（几乎令男主角家破人亡），倒有几分类似聊斋狐女特质，这一方面颇有日本战国恶女的特质，另一方面其性情似青蛇白蛇合为一体，彰显原始情欲之外，隐然闪现现代性。

许仙 & 法海

这不是娜拉的时代，女人们谋生，亦要谋爱；而情欲的对象，少不了多是男人。所以李碧华如是总结，“每个女人，也希望她生命中有两个男人：许仙和法海。是的，法海是用尽千方百计博他偶一欢心的金漆神像，生世为候他稍假辞色，仰之弥高；许仙是依依挽手，细细画眉的美少年，给你讲最好听的话语来熨帖心灵”。

在传统叙述中，如果法海是一个反面角色还令大家念兹在兹的话，许仙的角色在古典剧本中并不比青蛇好多少，无非是一个背景，一个好人的符号而已——好人，已经约等于无趣无个性的代名词。

李碧华的书写，其实改变戏份最大的是许仙，将其由符号赋予肉身，还原其人的象征，他的软弱与算计，也是人性一种，他在《青蛇》中的戏份，简直符合尼采所谓“人性的，太人性的”描述，甚至死去临别，青蛇也为他“即种孽因，便生孽果”的妖艳、

“人性的光辉”动容。

许仙对于青蛇的情感，除了本能吸引，也带着对于白蛇的反叛：最难消受美人恩，负心人往往是从负不起开始的，情债和其他债差不多，欠的越多，越还不起，更不想还。许仙的软弱，亦是人性的软弱一种，纵然软浮不堪，却也值得得到上帝的原谅。

在小说中，法海最终扔下盂钵，放过青蛇，近乎落荒而逃，“沉默地、逃避地，转身走了”，这不仅留给青蛇“这就是男人”的嘲弄，也给无尽的想象改变空间。法海据说是话剧《青蛇》中改编最大的角色，甚至有翻案之嫌，而在小说《青蛇》中，法海的欲望客体也是许仙，而青蛇无意之间，模仿最多并不是许仙，而是法海，这是她“不敢记得”的秘密。

情＆欲

《青蛇》话剧是谈女人情欲觉醒之后的选择，这其实是对李碧华原著精神的最大承接，但情字好写，欲字难说，她也喟叹，“这么优秀的剪刀，剪不断世间孽债情丝”。

时代变迁，与内心演变，并非总是同步，其间差池，俱是煎熬，“一个女子，无论长得多美丽，前途多灿烂，要不成了皇后，要不成了名妓，要不成了一个才气横溢的词人——像刚死了不久的李清照……她们的一生都不太快乐。不比一个平凡的女子快乐：只成了人妻，却不必承担命运上诡秘与凄艳的煎熬”。

这是李碧华式的悲观（或清醒？或自怜？），到底还是女人。情欲滔天，并非总是美事。女性往往更容易耽溺其中，这一方面是进化，女性需要爱情这枚神话来构建自我认同，另一方面则是女性的社会化没有男性高，可以更为释放本能。白娘子的水漫金山，即是炙热情欲的物化写照，感动之余也令人战栗，今村昌平《红桥温泉》于此接近。纵然是青蛇，即使有过许仙填补成长的缺口，也不是不寂寞的，“一个人寂寞地生活，就是诸般地蠢蠢欲动，耐不得受冷落”。

澳洲官方据说已经承认男女之外的性别，而人的本性，其实就是柏拉图所谓阴阳两性并存。白蛇过于女性化而失之生动，法海因其刚烈而失之灵动，青蛇的豁达澄明一般来自年少，也来自性情之中接近男性特征的挥洒大气，许仙更因为是男生女相而为其余三人竞相追逐。

为什么白蛇、法海、青蛇这样旺盛炙热的情感，偏偏都看上怯弱柔软的许仙呢？许仙除了英俊（青蛇语），其优点就在于其柔软，这其实是一种“空”与“受”，什么样的情欲，都能纳入其中。换而言之，他乐于承受也能够接纳那些强度的情感，被动的姿态反而是很多主动追求情爱的无法给出的姿态，这或许就是人性的无奈甚至魅力所在，难怪“妖”“佛”都要在他身上斗法，争先降服，许仙始终是情欲的终极猎物。

在古典文本中，除了“西湖水平，江湖不起；雷峰塔倒，白蛇出世”这个结局，还有许仙出家，留下“色即是空”主旋律；而在李碧华的文本中，小青杀了许仙，故事却未完，一切只是残局，即使到了现代，情色仍旧是勘不破的迷局，纵然曾经认为对人类动情“那么委屈，可耻！不若安分做蛇上算”，也最终无法坚持“爱情一贫如洗”的苍白。

每个女人心中，除了住着青蛇与白蛇，也少不了许仙与法海，男人亦然，人性恒长。旧文本中“色即是空空即色，空空色色要分明”无法说服李碧华，即使太上忘情，太下不及情，中间之辈，则生生死死，爱恋憎恨，沉溺不可自拔。

《楞严经》亦云，“汝爱我心，我怜汝色，以是因缘，经百千劫，常在缠缚”。终生所在三界，欲界、色界、无色界，虽然一层比一层已经高出不少，但是难以为圣人所取，被视为苦海煎熬，可是人人迷妄其中，不得解脱，也未必愿意解脱，更有青蛇白蛇之流竞相加入，可见人世迷苦中也有不可破解之执着。

肉身沉重，色界难度，情欲必有所安放，才不至于成为浮生畸零人，不过这未必太难，何况谁说流离一定比安定不幸呢？古人也明白，空有色香何有相？

人性的软弱应该得到上帝原谅，就像你我还是会被《青蛇》的故事感动。西湖边，断桥下，虎丘外，青蛇与白蛇，白蛇与许仙，甚至法海，千年转眼逝，佛世总难值，哪就这样容易就遇见了？不无俗气地说，生命总有自己的逻辑，有故事好过无故事，有爱过，无错过。

爱在西元前

夫子有云，必也正名乎？名不正则言不顺。

那么，为了避免陷入艾略特所谓名词之争，我们是否该先对爱情下个定义呢？中国是公认诗歌的国度，《诗经》是开百代之先的始祖；有黄金应铸相思，根据柏拉图的观点当一个人恋爱时他必然成为诗人。既然 100 个人就有 100 个爱情观，那么让我们直接走进爱在西元前先民的爱情世界吧。“郑卫多淫声”，多“男悦女，女惑男”，谈《诗经》中的爱情，自然要从《郑风》谈起。

《郑风 · 野有蔓草》

野有蔓草，零露漙兮。

有美一人，清扬婉兮。

邂逅相遇，适我愿兮。

野有蔓草，零露瀼瀼。

有美一人，婉如清扬。

邂逅相遇，与子偕臧。

蔓（音万）：茂盛。（音团）：形容露水多。清扬：目以清明为美，扬亦明也。婉：美好。邂逅（音谢后）：不期而遇。（音瓤）：形容露水多。臧（音脏）：好，善。

“野有蔓草，零露兮”，是标准的起兴，清媚动人的女子，就像滴着点点露珠的绿草一样清新可爱。既暗示了偶遇女子的美丽又表明男子的欣喜，程度与《唐风·绸缪》中的“今宵何幸，见此良人”类似。“有美一人，清扬婉兮”，有位美丽的女子，眼睛大而神采飞扬，辞章流丽而婉转，不怪金庸的人名要从此出典。有字在古言多为虚词，“有女如玉”亦然。“邂逅相遇，适我愿兮。邂逅相遇，与子偕臧”，更多表明该男子快乐的心态。这种欣欣然的自得与陶然不是那些只会苦吟“得成比目何辞死，只羡鸳鸯不羡仙”的后人体会得到的。

邂逅 = 偶然 + 一见钟情，还有比这两个因素更天然具有浪漫气质的意向吗？所以，邂逅是所有浪漫爱情的母题之一。波兰诗人辛波丝卡就如此定义一见钟情，“他们彼此都深信，是瞬间迸发的热情让他们相遇。这样的确定是美丽的，但变幻无常更为美丽”。莎士比亚也说过两个相爱的人谁不是一见钟情呢？爱情在公元前的草原上，是如此自然而热烈。邂逅，相悦，接着就是“与子偕臧”。

有人说野蛮与文明的差别在于文明要伪装，那么，野蛮就是真诚而野蛮着，文明就是虚伪而文明着，这是事实也是悖论。想到孕育人类生命的自然是本能，所以《诗经》中的爱情表达方式与产生，特别是女子的大胆与热切男子的直率与本真，都不是强调诗贵含蓄的中国后代诗家暧昧的相思诗与矫情的悼亡诗加上猎艳的青楼诗的爱情诗可比。

张爱玲曾经自称为奥涅尔《大神勃朗》一剧中的地母娘娘而获得信仰，“我也是很愿意相信宗教而不能够相信，如果有这么一天我获得了信仰，大约信的就是奥涅尔《大神勃朗》一剧中的地母娘娘”。地母，她粗鄙而热诚，健康而懒散，才够得上她心中的女神，“‘翩若惊鸿，宛若游龙’的洛神不过是个古装美女，世俗所供的观音不过是古装美女赤了脚，半裸的高大肥硕的希腊石像不过是女运动家，金发的圣母不过是个俏奶妈，当众喂了一千余年的奶”。而这点，对于强调“存天理，灭人伦”的东方是何等弥足珍贵，最可悲的是想培养君子的东方在教条下压制正常人性，最后只有产生更为可恶的虚伪道德家。康有为在做《礼记》注时亦云“夫天生人庇佑情欲。圣人只有顺之而不绝之”，即使基督教的禁欲也是在新约中的加入，《旧约·雅歌》也是一种欣赏的态度。这就是生命力的力量与人性的担当之处。《诗经》中的爱情自然有一种生命力，泼辣而鲜活，动人而自然，是一种更为自然健康的人性。这是最为珍贵的。

毋庸多加解释，也不需怎么样考证，这篇小诗多半是一篇叙述野合的文章。“喜怒哀乐，亦人心中一境界，故能写真景物真感情者，谓之有境界。”真情炽热如此，怎么能说它没境界，不是一种原始而动人的美呢？邂逅相遇，与子偕臧，古时候的青年男女可以这样，现代版的邂逅确实睽违——比如《向左走，向右走》。也许，文明使我们更加看重过程，远离土地。突然想起《2046》

中的台词：虽然有很多只是雾水情缘，不过没关系啦，哪来那么多一生一世。这是回归还是解放？抑或是……

补记：

其实，根据笔者原先的机心，因为很懒于写这样无意义的文字，是想恶搞下概念后证明《诗经》中没爱情。但是发现这样因一己之念对不住几千年前的祖先的片刻存念。

所谓《诗经》好色不淫实在是孔子一个人的意淫而已，按照闻一多先生的考证，《诗经》实在是好色又淫，闻先生说我们应该奇怪的是它为何不是更过分而不是苛求。朋友也友情提供了几个案例，“野有死麇。野有蔓草”，“丘中有麻。桑中。狂童之狂也且”，“未见君子，如调饥”等等，其内涵大家自己琢磨吧。

瓦西列夫在《情爱论》中把“爱情”定义为：“在传宗接代的本能基础上产生与男女之间的，使人能获得特别强烈的肉体和精神享受的这种综合的（既是生物的，又是社会的）互相倾慕和交往之情。”这点也肯定了爱情的基础在于本能，和叔本华等人见解接近。何况对于文明不高的阶段，自然本能的张力会更为有力。

换个角度，《诗经》仍旧可以思无邪，就像柏拉图爱情的原意可以指同性之爱一样，这就是先民的坦荡态度，而文明某种程度上只是雕饰。正如《左传》的露骨描写也被李敖等指出，闻一多表示：“认清了《左传》是一部秽史，《诗经》是一部淫诗，我们才能看到春秋时代的真面目。……我们应该惊讶的，倒是《诗经》怎么没有更淫一点！”

另外还有一种说法，更多是关于人类学意义上的，根据考证与类比，有专家觉得《诗经》上的情诗多为情咒，其实很多提到植物的地方是巫术的表现形式。所谓最得风人深致的《蒹葭》首当其冲。不过，对于这种观点，静候其更多发展证据方是上策。

还有一篇也很有趣。

《采葛》

彼采葛兮，一日不见，如三月兮！

彼采萧兮，一日不见，如三秋兮！

彼采艾兮，一日不见，如三岁兮！

口吻极类女子，但是采葛者亦必女子，难道这可能是我国最早记录的女同性恋者？！也未必完全不可能，先秦礼法最为不羁，对性也最为坦荡，看看《左传》《战国策》等即知。李敖讲的也不少。

不过，貌似中国对同性恋一向比较宽容，所以记载屡现。现录一段博诸君一哂。齐景公面姣，有一个负责征集羽翮的小臣竟敢向着他注视，面带倾慕。“公怒，将欲杀之。”相国晏婴劝道：“拒欲不道，恶爱不祥。虽使色君，于法不宜杀也。”景公觉着有理，便表示：“恶然乎，若使沐浴，寡人将使抱背。”最后一句似可译为：讨厌！如果他洗过澡，我将让他抱我。

类比柏拉图写过一首两行的短诗：

你看着星么，

我的星星？

我愿为天空，

得以无数的眼看你。

这诗亦为送同性恋爱人的，所谓柏拉图的爱情指的是成年男子爱男童的精神胜于肉体。

又附记：这篇文章（包括补记）是多年前的游戏之作，供大家一乐。强调一下，闻一多比较受弗洛伊德影响，以前提到关于《诗经》解读也有一些人类学意义上的解读，比如情诗多为情咒，其实很多提到植物的地方是巫术的表现形式；现在《经济人》觉得《诗经》在祭祀方面的意义更多，很可能祭歌的意义更大，不过目前研究挖掘也不够，推荐关注黄奇逸。

归去来兮

《陆犯焉识》：自由 VS 爱情

5 月末向来是上海梅雨季节，不适合出门，却适合读书。

我闲来无事，凑着连连雨天读完《陆犯焉识》。不少朋友很感动于知识分子在大时代的机遇坎坷，严歌苓的苦难描写高出同侪，但偶尔还是难免过于情节化。讨好读者越来越困难，不少人借小说《陆犯焉识》来贬低电影《归来》，而就是从小说而言，还是有人觉得难离俗套，可是就是这样的桥段，也还是太少太少。

朋友说小说有两个主题，一个是爱情，一个是自由。二者是在知识分子陆焉识坎坷命运这边矛盾地二合为一，他不爱妻子冯婉喻，是因为她是后母指派的，他开始接纳冯婉喻，也是因为后母在阻碍他们恩爱。他成家后两次离开家庭，第一次是因为抗战，在炮火隆隆的重庆，那时候他接纳婚姻之外的女人韩念痕，毫无负疚地爱，毫无留恋地分手，冯婉喻只是一个模糊背影，第二次是在作为犯人到大西北改造，生死两茫茫之下，冯婉喻重新清晰还魂，成为他生命的支点，甚至他逃亡的目的也无非看上一眼她，“要当面告诉婉喻，他什么都记得。正因为记得，他现在知道那么多年他自己误了自己，也误了婉喻。他要婉喻原谅，他最好的年华没有给她”，“要是他跑到婉喻面前，跟她说，我和你发生了一场误会……也许我跟自己发生了一场误会：我爱的，却认为不爱”。

一定要经过 20 年的分别，才能意识到爱？这个转变的处理非常特别，而且丝丝入扣，是因为异地放逐重新激发了家的热恋？还是因为自由被剥夺更加理解不自由？或者兼而有之，其间更多是陆焉识情感的觉醒，“一代代小说家戏剧家苦苦地写了那么多，就是让我们人能了解自己，而我们人还是这么不了解自己。一定要倾国倾城，一定要来一场灭顶之灾，一场无期流放才能了解自己，知道自己曾经是爱的”。从陆焉识到老几，纵情欢场到生死下落不明，什么都懂又什么都不懂，通晓四国语言，到头却不知道“爱”怎么表达。对于情感，男人似乎总是觉醒得比女人慢，有人花一两刻钟，有人花三四十年。

对于冯婉喻来说，她并不自由，但并不妨碍她爱陆焉识一生，因为她从开始就先选择了陆焉识，那是她从小的男神。冯婉喻看似纤细，却有着地母一样的胸怀，她依赖本能而活，所以无论时代如何变更，即陆焉识当着她被带走或者一直未能出现，她还是拎着他习惯的拖鞋在家门口等他，不是因为温顺，恰恰是因为坚定，这是她从一开始就选择的情感归宿。“婉喻一生都那么自卑，一个优美的，优秀如婉喻的女子，自卑了一生，这是令人心疼的。一切压迫了她的人和事物，甚至理想和主义，都应该对她这自卑负责。他陆焉识也是该负责的人之一，还有恩娘，还有他不认识的婉喻的领导、组织、同事，甚至她的学生们。最令焉识心疼的是，婉喻从来没有意识到人们和事物们对于她的不公，因此她没有被不公变成怨妇。也许一切的不公都始于他陆焉识：那个独守空帐的新婚夜，十九岁的婉喻就接受了焉识对她的不公。比起那份不公，世上便不再有不公了。”

因此，最终的失忆给予冯婉喻自由，“她获得了一个新人格。这个新的人格使她挣脱了典雅、宁静、优美，给了她无限自由，想说什么说什么，爱干什么干什么”。

她自由地赤裸着身体和她认为像陆焉识又不像陆焉识的人在一起，那应该是她不自由的一生最自由的时光。

至于韩念痕，几乎没看到太多讨论，其实也很有意思，如果婉喻内在自卑了一辈子，而念痕则自有骄傲。她和陆焉识在重庆相识，最开始是陆焉识，但在他们的情感关系中，她一直是主导者，从欺骗陆焉识说自己有交往的军官，到打胎之后再来找他，再到守候他的入狱以及出狱，最后再自行离开。她的动机一直闪烁不明，但是人却熠熠生辉，进退自如，没有难分难舍，也能最早自我解脱，正如小说中所言，“在英文中‘爱上’是‘Fall in love’，即‘陷入爱情’；而不再爱了，用英文来说就是‘Fall out of love’，‘落出爱情’，或者‘退出爱情’，总之是有个‘出’的意思，从一种状态里解脱了，从一段情缘中开释了。没有想到，他俩之间，念痕是先解脱的那个”。

因为不爱，所以自由，但如不自由，岂能奢言爱呢?

《归来》：记忆 vs 遗忘

“据说那片大草地上的马群曾经是自由的。黄羊也是自由的。狼们妄想了千万年，都没有剥夺它们的自由。无垠的绿色起伏连绵，形成了绿色大漠，千古一贯地荒着，荒得丰美仙灵，蓄意以它的寒冷多霜疾风呵护经它苛刻挑剔过的花草树木，群马群羊群狼，以及一切相克相生、还报更迭的生命。”

《陆犯焉识》的开篇起始，宛然已经是一副动态的景致，足够为一个有野心的导演承担一个蒙太奇式的史诗片头，但是《陆犯焉识》是《陆犯焉识》，《归来》是《归来》，二者很难说是截然对立，但是还是各有侧重。

前面说小说《陆犯焉识》主线是自由与爱情，到了电影《归来》，大概只有爱情了。我不是原著原教旨主义者，一尾好鱼，出了池塘进入厨房，就是大厨的菜，可以清蒸红烧，甚至可以刺身烧烤，但如果进化成为鱼丸鱼豆腐，那么大概需要另立名目。

在《归来》中，不仅女主角的记忆失去大半，情节也重新改造。陆焉识的荒原余生与民国风光隐而不显，只有变为温情归来，冯婉喻不仅名字变为冯婉瑜，性情也更像北方妇女而非上海闺秀，女儿由大龄科学家变为娇俏的舞蹈演员，《红色娘子军》的舞蹈如此用力，显然应对那个时代的个人经验与青春启蒙。

我看过小说再去看电影，难免有些先入为主，单独来看，当然《归来》还是可以一看的电影，没有看过小说的朋友不少反应不错，演员也出彩，尤其是女儿的角色虽然改编不少，却也另有风采。导演这样的题材，本身就是突破，而又不得不做些删减审查，这类举措也不能被某些人士所兼容，有人觉得妥协，有人则觉得出格，考核电影的标尺如此之多，可谓顺得哥情失嫂意，众口难调。于是，这种局部反抗就像电影里面的台词，“你还相信组织吗？……那好，我以组织的名义向你保证，他是你丈夫”，直白又天真，甚至令人莞尔，然而也仅止于此，再比如那些小说中不存在的书信则撇开残酷，只有风光无限，情意绵绵。

回看严歌苓，她是有故事的人，当然不是时尚杂志里面那个在家化妆等着外交官丈夫的女作家那么简单的俗套桥段，显然经过背叛也有爱滋养的女人。才华加上经历，尤其是海外经历，使得她能够诚实地面对苦难，这对艺术家最为困难。不过有朋友说她后期作品受到影视影响痕迹不少，文学的留白空间减少，这倒是一个令人思考的问题，在文学式微的今天，文学的创造应该朝什么方向，更经典还是更现代，如果一部作品从诞生之处就立意成为一部剧本，其对文本影响显然是喜忧参半。

人很难超越自己的时代，这意味着个体气质以及教育往往在你的青春时代已经注定，个人成就的天花板从出生往往就已经隐性存在。人们常常说第五代导演气质，其实他们风格迥异之外，也有着共同之处，他们多是50后，这代人一定不是中国受教育最好的一代导演，但是几乎是机遇最好的一代人，当然他们经历的各类斗争与风云变幻也不少。

张艺谋出生于1950年，严歌苓出生于1958年，两人都是50后，考察成长背景给人最大启发不在于所受教育或者过人天赋，而是他们的波折经历显然给予他们的人生更多底色——这其实并非个体独有，也是那一代人的集体记忆，少数人能够借此升华，不少人沉入深渊，更多人泯然众人。个人命运在面对时代之际，全凭造化，才华急智不足自保，无法复制也无从追求。这代人的命运，本来也是《归来》的一部分，是陆焉识的子女们那代人，他们得到也失落，有人迄今还在寻找之中。其中不少人信仰“伟大是熬出来的”，其实，不熬又能如何？总归在等待，无论有没有希望。

至于我，作为85后的一代人，我注定不太看重政治与艺术的关系，而看重艺术本身的展现。因此对我来说，最不可忍受并不是妥协，而是平庸。我对于张艺谋或者这个符号没有那么多情感含量以及是非判断，虽然看过他80年代的作品，却难以有如数家珍式的共鸣与热情，而年长一些的朋友们，往往在张艺谋身上倾注太多的认同与纠结，这个名字不是代表一个人，而是已经成为一两代人心中一个抽象符号，使得他们对于看不看《归来》如何看《归来》也踌躇不已，定见太多。对某些人而言，集体失忆成为精神隐伤，归来仍旧是遥远的目标。

除了时代，以往记忆也决定人类未来行为，而集体记忆也构成历史的一部分，因此反复被涂写改造，遗忘与记忆的对抗延续恒久。无论严歌苓还是陆焉识抑或张艺谋，他或她，或者他们的观众，离开家已经很远了，还能找到归来的路吗？毁誉参差，生死契阔，洪荒文明，其实所有的情感以及思维冲动，流放是现代人的宿命，本质都是一种思乡病。每个人其实都在寻找自己的路，无论通向故土还是他乡，归去来兮，田园将芜胡不归？

失落的时代与重归的记忆

这些平常的卑微的不起眼的琐碎日子，就这样成了永恒。

——雷蒙德·卡佛《当我们谈论爱情时我们在谈论什么》

事实上，每一个年代的爱情，都有各自的历史痕迹。50 年代的单纯，60 年代的压抑，70 年代的扭曲，80 年代的觉醒和挣扎……再看看 90 年代的颓废和新世纪以来的严重物化，大抵可以印证不同年代的世道人心。

——野夫《1980 年代的爱情》

每逢上海电影节，总是梅雨日，二者似乎没什么关系，却也构成某种时间上的联系。

当我坐在上海影城二号放映厅，等待由野夫作品改编，霍建起导演的电影《1980年代的爱情》展映时，心情也和天气一样阴晴起伏，有些疑惑，甚至有点紧张——紧张部分是为野夫，我知道野夫为这部电影奔走不休，但我不知道这部电影会是什么样？看过之后，我觉得放心了，觉得基本达到了原著意图，而且演员的表现其实比预期好，尤其是90后的女主演。

《1980年代的爱情》由霍建起导演执导，选择在利川正式开机，这也是故事原型真实发生地，也是野夫成长的家乡，当地山清水秀，风物鲜明。在上海电影节上，这部电影成为金爵奖入围的两部国产电影之一，野夫自己说他们也很意外这个结果，也没有进行任何运作。值得一提的是，在上海电影节展映当天，易中天和沙叶新也到场，低调混迹后排观众人群。

说起来，我对这部电影并非一无所知。《1980年代的爱情》出版之后，我就读过，甚至和很多朋友推荐讨论，但是一直没法写点什么。2014年8月初，这部电影在恩施利川开机之际，我和一群朋友正在恩施，当时开机在即，仗义的野夫还是陪同我们走了不少恩施山水，很多当时流连不已的利川风物也在电影《1980年代的爱情》中再度闪现。于我而言，电影《1980 年代的爱情》也是关于恩施，看到满屏莹碧的恩施山水，很令人感动。这故事当然关于年代、爱情、青春，可是也关系家乡。每个人的故乡都难以避免沉沦消失，都有因回不去而愈加美好的故乡记忆。

野夫 +80 年代 + 爱情，会等于什么?

先说野夫，他是江湖浪子，天生具有游民气质，关于他“一流的朋友，二流的情人，三流的丈夫”的评语直说出世俗评价的一面，但野夫的仗义重情也有并不张扬的另一面。一个无根的人，如果得到一点温情，往往会成为生命中恒久的温暖，野夫在德国科隆莱茵河畔追忆往事，完成了据说写了 10 多年的《1980 年代的爱情》，是小说，也是写自己。

其次，野夫与 80 年代组合在一起并不奇怪。虽然野夫在大众层面成名是前些年的事，但野夫这个名字的内核其实注定和 1980 年代结合在一起，对他们这代人的不少人来说，80 年代是一生精神源泉以及精神花园。

那个年代不失粗糙，也偏爱宏大叙事以及英雄主义，曾经是个人主义的我避之不及的时代，但了解之后却发现 80 年代如同一壶烈酒，品质未必醇厚，但是饮过之后，爱好这口的会永远难以忘怀。那个年代孕育与成就了无数人，当然同时因为变迁毁灭与消磨了无数人。

作为一个自认有点批判性的 85 后，我曾经以为 80 年代过于简单粗糙，如今年岁渐长，时过境迁，也慢慢体会一些不同况味，那或许不是一个最好的时代，但一定不是最坏的时代，也逐渐理解 80 年代何以成为一种情结，一种安慰，一种希望。不同的人有不同的偏好，有那么一类，对爱情笃信有爱过好过没爱过，对时代，也无不偏执地认为，毛毛躁躁的大时代或许好过庸庸碌碌的小时代——话说回来，为什么好像只有这两种选择呢？

如今，随着接触过不少那个年代的亲历者以及目睹者之后，我发现纵然每个人观感不一，但那个年代确实类似一场旋风，席卷了无数聪明人的大脑，同时也是一股清泉，滋养了无数期待永远年轻的心灵。正如野夫所言，“我痴迷于这个故事已经十年，真实抑或虚构，都渐渐在不断的质询里变成了回忆的一部分。对了，就是回忆，使我日渐明白这个故事的真正意图，是在追忆那个隐约并不存在的年代”。

野夫散文砥砺奔放，我常常说读一次哭一次，私人记忆是对抗集体遗忘的最好的途径，我也曾经感叹；不过最近也在想，除了野夫式的恣肆狂歌一派之外，汉语表达的蕴藉含蓄一派好像不够多，是否社会文化还没有足够空间孕育沉静下去的文字？当这种情绪从非虚构换成虚构，野夫其实在尝试换一种写作方式，构思也变得轻盈起来。因此《1980年代的爱情》多半不会被认为是野夫最成功的作品，但堪称野夫最小清新的作品，从我个人的阅读体验来看，不那么恰当的比喻是，有些《白夜》之于陀思妥耶夫斯基的感受。

也正因此，在《1980 年代的爱情》之中，爱情作为普世语言成为主线。爱情其实是所有人的集体记忆，不同世代，甚至 90 后、00 后，或许在《1980 年代的爱情》中都会找到共鸣。就像男女主角在乡间地头的闲谈对坐，其实不过日常的一咏一叹，但却成为彼此的刻骨铭心，这种日常背后有其隽永的力量，正如雷蒙德·卡佛在《当我们谈论爱情时我们在谈论什么》中所谈，“平常的卑微的不起眼的琐碎日子，就这样成了永恒”。

这种平淡的宁静，其实并非毫无代价，是以往激烈运动之后的劫后余生，这在《1980 年代的爱情》中也有提示。以往野夫作品中深沉怒目的人物隐退了，但也没有完全消失，而是变为丽雯父亲、老田之类配角人物，在一句两句的台词中闪现锋芒，“我们这一辈人从那个被淹没的年代穿越而来，即便桂冠戴上头顶，但仍觉荆棘还在足尖。多数的日子看似谑浪风尘，夜半的残醉泪枯才深知内心犹自庄严。一个世纪中唯一凸显干净的年代，让我辈片叶沾身，却如负枷长街。每一次回望，都有割头折项般的疼痛。我知道，当我们谈论爱情时，我们最终是在薄奠那些无邪无辜无欲无悔的青春”。

《1980 年代的爱情》是写那个年代的爱情，男女因为城乡背景而分离，这在今天看来有些夸张，但在当时确实典型。作为年轻人，我阅读小说时候对于丽雯的隐忍的放弃选择尽管理解，但是不完全赞同，换作电影时，因为由小说的男主人公叙述变为影像图面，女主角的表现就显得立体得多，表现比预想的好得多，电影还是很好表达了这种情感抉择与内心纠结。

正是在利川，我从野夫那边听到一个多少令人哀伤的消息，英子（麦琪）在当年也就是 2014 年去世。她不到 50 岁，去世时间据说是 1 月，大家关注甚少，野夫评价是人生苦短，她是很不错的诗人。

顾城的悲剧，也是 20 世纪 80 年代的爱情标本之一。本来就是个暗黑事件，足以激起太多的负面情绪。但无论评价如何，简单的对错实在不是外人能够判断的，或许只有上帝才有资格做出最后的审判。从大时代角度来看，这件事某种程度上可作为 20 世纪 80 年代余晖破败的无数象征与注脚之一，昔日的理想、爱、诗歌，每每在时代转折中消磨沉淀，美好的事物，往往抵御不过恶的侵蚀，无论是制度之恶还是人性之恶。

当时我读《1980 年代的爱情》一半，就觉得应有时代挽歌的立意，虽然写男女爱情，未尝没有借离合之情写兴亡之感的立意。1980 年代是无数人的乡愁，时代乌泱泱碾过这代人，浇灌了他们的生命也浸没了他们的精神，这是一代人的乌有之乡，有人永远停驻在斯地。

爱情、故乡、80 年代、青春……或许一切美好的事物最终都会消逝，我们或许也会变成我们憎恨的人甚至引以为傲，但是一切都可以在记忆中得到不朽，精神不灭意义在此。

衰老、爱与救赎

马尔克斯如何谈论马尔克斯

白夜苦短人生苦长

彼岸深河

存在之难

道士下山人迟暮

关于/衰老

衰老、爱与救赎

几个月前我就预料到，自己的生日专栏不会像老套的文章那样哀叹时光的流逝，而是正好相反，赞美年华的老去。

——加西亚·马尔克斯《苦妓回忆录》

七十以上曰老。

——《礼记·曲礼》

对我来说，在马尔克斯去世一周年之后，阅读他的最后一部小说《苦妓回忆录》，多少有些纪念意义，毕竟对于一个作者最好的纪念无非是阅读其作品。其实在马尔克斯生命的最后十年，他已经不写小说了。

这部小说原版在2004年出版，中文版在2015年才顺利出版。

说是“苦妓回忆录”，其实更类似于“我对于苦妓的回忆录”。主人公是一位90岁的老人，独身一辈子的专栏作家，出身不错却家境没落，有着老年人典型的自怨自怜，自称丑陋、腼腆、过时，长着一张马脸。故事从他90岁生日突然感受的欲望开始叙述，“活到九十岁这年，我想找个年少的处女，送自己一个充满疯狂爱欲的夜晚”。

在妓院老鸨的安排下，他与一个14岁熟睡的小姑娘见面，他什么也没做，而是在漫长的夜晚回忆起自己的一生，结果是他无可救药地爱上了这位不曾交流的小姑娘，倾其所有与之再见面，却仍旧是小姑娘熟睡，他在沉思，而故事发展到最后，小姑娘竟然也爱上了这位老人家。

这就是马尔克斯最后的小说，被称为有“天鹅绒般的快感”。据说本书出版前一周，小贩已开始在哥伦比亚首都波哥大街头叫卖多种盗版，出版社被迫提前出版，首印130万册，一周内再加印50万册。可是这本篇幅不长的小说试图揭示什么，难道真的是一个简单得不能再简单的忘年爱情故事？

01

人们总是把这部小说与纳博科夫的《洛丽塔》作比较，其实比起纳博科夫黑暗书写中的禁忌刺激与道德重负，马尔克斯的书写则显得轻盈明亮得近乎天真，好像这就是一个普通的爱情故事，普通到书写不受情感限制，读者不应道德批判。与本书最为接近的，当属川端康成的《睡美人》。睡美人的情节类似，也是写年过七旬的老人与熟睡不醒的雏妓的故事，马尔克斯甚至在扉页就引用了《睡美人》的开篇，“客栈的女人叮嘱江口老人说：请不要恶作剧，也不要把手指伸进昏睡的姑娘嘴里”。

马尔克斯对《睡美人》戏仿与致敬不言而喻，但二者旨趣却有所不同。都是白发老人面对熟睡的青春少女，但是在川端康成笔下，睡美人是完全熟睡，是一个被动的客体，而老人的举措则充满恶作剧，什么都没有发生是因为无法发生。老人面对青春鲜活的肉体却加剧映射自身衰老的丑陋，以极致的唯美书写这种颓唐的堕落，这种交往不仅和爱情无涉，甚至不被认为是人与人之间的交往，书中有一段老人与客栈女人的对话：

“再说，即使您认为是风流，可是姑娘熟睡了，根本就不知道与谁共寝。上次的姑娘也罢、今晚的姑娘也罢，全然不知道您是谁，所以谈不上什么风流不风流……”“有道理，因为这不是人与人之间的交往。”

至于马尔克斯的《苦妓回忆录》，则洋溢着一种庄重与狂喜，老人的交流与歌唱充满爱意，什么都没有发生背后是一种等待与怜惜，“睡美人”不再仅仅是客体，还有反馈，而且她对于老人爱的回馈构成了全书情节的推进主宰以及高潮环节。某种意义上，两本书写的都不是爱情或者肉欲，而是衰老，正如 90 岁的老人突然意识到，“我从没想过年龄能像屋顶的窟窿一样，指示着一个人还有多久可活”。

任何小说阅读，其实都隐含一个前提或者预定，读者尽量接受作者的创造世界，否则阅读难以继续。这种接受不是全盘接受，而是一种给予作者叙述先行一步的空间与缓刑，如果作者继续领先，那么叙述得以完成，如果作者走偏，出现了不该出现的人物或者叙述，读者无法继续相信，那么叙述就是失败的。我最开始阅读，觉得是写衰老，《苦妓回忆录》天真得让人不堪卒读，而《睡美人》将丑陋书写得那么唯美，二者多少都有点令人难堪，让人不禁想起《霍乱时期的爱情》的台词：“她无法想象一个男人和一个女人之间能有纯洁的友谊，就连五岁时都不可能，更何况八十岁。……我们这个年龄的爱情已属荒唐，”她叫喊道，“到了他们那个年龄，那就是卑鄙！”

02

难堪的不是写作，而是因为衰老，回避衰老是人的本性。

生老病死，其实是人生的本质，众生平等，如何面对这些循环，也成为终极的思考。对比之下，《苦妓回忆录》其实给予人性以尊严，结尾爱情的回馈不过是一种对于光明的向往，而《睡美人》则写人性之暗黑，尤其结尾一位“睡美人”的死亡更是暗示人生失败的无可避免。

两者都是世俗的存在，两位的书写都不失勇敢，无论是敢于拥抱光明还是勇于直面阴翳，犹如人性的阴与阳。直面衰老的背后，其实是直面人生孤独的苍凉底色。马尔克斯在《番石榴飘香》中曾经说过自己只写过一本书，即描写孤独的书，“《枯枝败叶》中的核心人物一辈子就是在极端孤独中度过的，可谓是生于孤独，死于孤独。《没有人给他写信的上校》中的人物也是孤独的。每个星期五，上校和他的老婆，还有他那只斗鸡，眼巴巴地等着有人给他送退伍金来，可总也等不来。《恶时辰》里的那个镇长也是孤独的，他得不到老百姓的信任，饱尝了权力的孤独的滋味”。

如何克服这种无可避免的孤独，川端康成的态度是接受，而马尔克斯可能的出路还是爱。川端康成如此写不意外，这是日本民族对于片刻美好转瞬即逝的一贯态度：全力礼赞与完全接收，正如他本人尤其喜欢中国诗人白居易的两句诗，“大都好物不坚牢，彩云易散琉璃脆”。而马尔克斯的一位主人公所谓，“爱是可以学习的”。在《睡美人》中，老人的无爱最终导致了死亡，这是孤独的最终形式，而在《苦妓回忆录》中，老人的爱得到回馈，他最终在 91 岁之后开始真正的生活，“我的心安然无恙，注定会在百岁之后某日，在幸福的弥留之际始于美好的爱情”。

爱是一种温柔的献祭，需要给予彼此最柔软而致命的部分，而给予本身就是收获，“从打开家门的那刻起，我的身体便有一种感觉，就是我不是孤单一人”。

生命是一种体验，同时也是一种幻觉，真实与虚假的分野并不像唯物主义者认为的那样笃定与机械，“就像那些真实发生过的事会被忘记一样，有些未曾发生的事也可能停留在记忆里”。

03

值得一提的是，马尔克斯或许是对于衰老尤其重视的人，这在拉美作家中并不多见。人类学家有一些研究，据说靠近赤道越近，人对时间的感受越注重当下，这部分可以解释北部民族往往更为阴郁，比如北欧以及日本，而南部民族更为快乐，比如加勒比附近。不过马尔克斯却始终对于衰老非常敏感，从他 30 多岁写《没人写信给他的上校》，就道尽了一个老年人的悲凉：“那这些天我们吃什么？”她一把揪住上校的汗衫领子，使劲摇晃着。“你说，吃什么？”上校活了 75 岁——用他一生中分分秒秒积累起来的75岁——才到了这个关头。他自觉心灵清透，坦坦荡荡，什么事也难不住他。他说："吃屎。"

在《霍乱时期的爱情》中，对于衰老的写作更是比比皆是，这本来就是从少年到老年的爱情故事——"五十岁前，他从未感觉过自己各个内脏器官的大小、重量和状态。但五十岁后，慢慢地，每天午觉后他闭着双眼躺在那里，开始一个接一个地感觉到它们存在于自己体内，甚至能感觉到他那不眠不休的心脏的形状，以及他那神秘的肝脏和密封的胰脏。""一个世纪前，人们毁掉了我和这个可怜男人的生活，因为我们太年轻；现在，他们又想在我们身上故伎重施，因为我们太老了。"

值得一提的是，《霍乱时期的爱情》中，男主人公一生有600多个情人，但是他只爱女主人公一人，随时准备抛弃一切事物以及一切人与她在一起。在这个爱情礼赞背后，有一个阴暗的尾声，600多个情人中有一个小姑娘，因为男主人公的抛弃而自杀了，而这在全书中就是极不起眼的一个音符，尤其对比男女主人公伟大爱情的终点华章——这一点曾经被很多人注意到，觉得残忍，某种意义上，《苦妓回忆录》是对于这段爱情关系的衍生，是对于那个莫名死去的小姑娘的一点安慰。

《苦妓回忆录》其实是马尔克斯写给自己的书，男主人公自况与他何其相似，“虽然除码字之外什么都没做过，我却不曾有小说家的抱负与能力，我完全不在乎戏剧创作法则，能在这个行业谋生全凭我此生博览群书而得的启迪。说白了，我就是个没优点没光彩最没用的人，若不是我死后要竭力讲述的这个我回忆中伟大的爱的故事，我将没有任何东西能流传后世”。甚至关于最后一篇专栏的写作，也暗示了他最后一本书的主题，“几个月前我就预料到，自己的生日专栏不会像老套的文章那样哀叹时光的流逝，而是正好相反，赞美年华的老去”。

对于老的敏感与关注，我想这或许与马尔克斯从小与外祖父母在一起生活的经历有关，他目睹他们的衰老乃至死亡。马尔克斯的写作方式得益外祖母讲故事的方式，而他的外祖父是他“平生理解最为透彻交往最为融洽”的一人，外祖父在他8岁那年去世，他曾说自己成年之后，最大遗憾之一就是有什么事不能和外祖父分享了。至于马尔克斯本人，他在2014年去世，去世时仍旧没有90岁，但是年过80的他，也老得足够证明他的一生，如何在写作中不断浴火重生。

写作者在写作中冒犯一切人，犯下无数罪过，可这是无主之地的自由驰骋，唯有才华才能稍有发言权。纵然肉体的世界也有不容置疑的规律，马尔克斯没有到90岁就去世了，但是87岁的高龄，也让人怀疑他是否在一次次的写作与阅读中不断浴火重生，正如以对老年爱情的礼赞以回归老年的尊严，甚至也颠覆世俗的年龄认知，“一个人的年龄并不是他有多少岁，而是他感觉自己多少岁。”——他必然将回来，不在当下，就在未来。

马尔克斯如何谈论马尔克斯

只有一件东西是肯定要到的，上校，那就是死神。

——加西亚·马尔克斯《没有人给他写信的上校》

“您认为我们这样瞎扯的来来去去，可以继续到何时？”船长问。

阿里萨早在 53 年 7 个月零 11 个日日夜夜之前就准备好了答案，“永生永世！”他说。

——加西亚·马尔克斯《霍乱时期的爱情》

人人都和衰老死亡擦肩而过，即使大师也不例外。

有天偶然看到诺贝尔文学奖得主托马斯·特兰斯特罗默去世的消息，略有些感慨，感慨之一主要是这位瑞典诗人的作品我基本没读过。诺贝尔文学奖吸人眼球，但是并非所有的获奖作家都享有同等声誉，归根结底他们的贡献也大小不同。看到这个消息时是深夜，我正翻阅马尔克斯的书，刚觉得能够和这样伟大的作家同在一个世界很荣幸，突然想起来他在差不多正好是这个时候的一年前去世了。

我无法轻浮地如同他去世时某些评论家那样说“我的老师马尔克斯去世了”，只是作为一个读者，不得不写一点注定多余的文字，动机就像当年年轻的马尔克斯在巴黎，看到对岸的作家海明威，虽然知道海明威不太可能看见他，但仍旧情不自禁地挥挥手，喊一声“大师”。

01

加夫列尔·加西亚·马尔克斯生于 1927 年，1982 年获诺贝尔文学奖。随着马尔克斯和中国盗版的纠结告一段落，最近几年马尔克斯各类著作不断翻新出版，即使最具争议的《百年孤独》也重新翻译出版，这多少提醒人们马尔克斯是当今为数不多在世的大师。这种感受能够给人以安慰甚至与有荣焉的感触，但最终一切都逃不过时间的尺度，大师也有生老病死的人生四季，如马尔克斯也在2014年4月17日离去——此处不用烂俗地谈一个时代的结束云云，我认为伟大的作家不仅在于他的时代，也在于永远的时代。

写作对于一个作家意味着痛苦与快乐，每一部作品犹如子女，即使理智上明白自家儿女不太可能个个是天底下最出众的孩子，但是情感还是偏于各种溺爱，一如当年张爱玲以“自己的文章”回应傅雷的批评，人性如此，作家亦在此间。作者的自我评价尚且难以公允，外界的评价就更是一叶障目。世人谈起马尔克斯，总是言必称《百年孤独》，甚至未能免俗地反复引用“很多年以后，奥雷里亚诺上校站在行刑队面前，准会想起父亲带他去参观冰块的那个遥远的下午。当时，马孔多是个20户人家的村庄，一座座土房都盖在河岸上，河水清澈，沿着遍布石头的河床流去，河里的石头光滑、洁白，活像史前的巨蛋”。马尔克斯的数本传记都在回答他为什么会写出《百年孤独》这一著作。

阅读随后冒出的类似文字，这真是一种可怕的平庸体验，尤其这种平庸又在中国衍生出诸多先锋派作家的“多年以后”的模式，则已经近乎思维的懒惰了。难怪有人在马尔克斯去世之后戏谑一句，“多少年之后，当中国作家写下自己小说开头的时候，将会回想起第一次看到《百年孤独》的那个遥远的下午”。

《百年孤独》很难算马尔克斯最好的作品，即我个人的理解来看，《族长的秋天》值得期待，而《没有人给他写信的上校》《一件事先张扬的凶杀案》则堪称世界级的中短篇小说水准，其余各篇有好有坏，尚待评说。

对比之下，国人尤其作家对《百年孤独》的礼赞，甚至已经成名的作家坦陈所谓与马尔克斯的“搏斗”，某种程度上不仅暴露一种经验的模仿，更在暴露视野的狭小，比如阅读。

在此，我提出一种或许不那么成熟的想法，那就是好的作家往往也是好的阅读者——尤其是在经典小说时代之后，原始情感和常规戏路已经被反复演绎，而现代读者的要求明显也提高了很多。读者与作者之间，犹如一场旷日持久的赛跑，作者总被赋予领先读者的角色，但是读者作为一个群体，其进化速度往往高于单个作者，这也导致这场竞争有点类似作者必输的“龟兔赛跑”。在这激烈的生存进化斗争过程中，领先一步的作者不得不采取的策略之一，就是作者也要同时成为读者，去汲取更多其他作家的养分，阅读成为现代作家的常态与副业，依靠本能与天赋写作的机会，越来越少，这也注定现代写作者被追逐以及孤独的宿命。

02

2014 年之后，在小说阅读方面，我多半在读英国作家奈保尔。作为知识密度极高的奈保尔，对我来说相见恨晚，他始终强调作家不应该只了解一个世界，而应该找到自己的素材去写作。受到这种观点影响，就在我以为我对其他小说家（尤其是只了解自己世界的小说家）不感兴趣的时候，这本被搁置的马尔克斯对话录《番石榴飘香》被翻出来看，仍旧充满趣味，尤其不少技巧方面的启发——这是一本作家和作家之间的对话，也是朋友和朋友之间的对话。访问者门多萨不仅是一位作家，还和马尔克斯一样是曾经的记者，两人的友谊可以追溯到青年时代的文学小组。

回应奈保尔的观点，马尔克斯虽然是只了解自己世界的作家，但是他幸运地找到了自己的题材，并且借助世界对于拉丁美洲文学的兴趣而造就了自己的不朽，这是马尔克斯的幸运，也是其他边缘世界的作家无法比拟的时代背景。对比日本作家村上春树谈人生写作的无可奈何，马尔克斯就纵横开阔得多，可能到底也是才气大小不同。

对比很多关于马尔克斯的外在评价，再听听马尔克斯如此谈论自己是一件有趣的事。对于马尔克斯而言，他一方面承认作家职业的孤独，“在文学创作的征途上，作家永远是孤军奋战的。这跟海上遇难者在惊涛骇浪里挣扎一模一样。是啊，这是世界上最孤独的职业。谁也无法帮助一个人写他正在写的东西”。与此同时，他也可以视为一个贪婪的读者。他 20 岁时进入波哥大大学，原本攻读法律，但是那时候他更喜欢诗歌，曾在 17 岁的一天他读到卡夫卡，“当时我认为自己准能成为一个作家。我看到主人公格里高尔·萨姆莎一天早晨醒来居然会变成一只巨大的甲虫。”马尔克斯意识到小说原来能这么写，他对小说更感兴趣了，所以他立志阅读人类有史以来一切重要的小说，甚至也读了《圣经》，所学专业早被他抛之脑后了。

伟大人物很难单独成长，年轻的马尔克斯也依赖于小团体。20 世纪 50 年代，在哥伦比亚的巴兰斯基，存在一个作家群体，马尔克斯也是其中一员。多年之后，马尔克斯还能回忆，他们一边酩酊大醉，一边每天晚上谈文学，“谈到至少十本他没读过的书”，更神奇的是，第二天这些书往往都能通过文学小组的好友借到。他的阅读范围，除了小说和诗歌，还包括了各类有文献价值的书籍，以及名人传记。

模仿是作家的重要一步，但是这个过程往往在阅读之中已经完成，到了写作阶段，则另当别论。有趣的是，就像很多中国成名作家受困于马尔克斯的影响，马尔克斯很多年后仍旧无法面对他模仿的美国作家威廉·福克纳的评价（包括很多马尔克斯的中国粉丝也如此认定）。他认为评论家“硬说”他受福克纳影响，他对此有点不明白，“我的问题不在于模仿福克纳，而在于摧毁福克纳。他的影响真让我受不了”。他觉得自己写作环境的地理上的相似大于文学上的相似，因为自己童年生活的小镇是由一家美国公司建立的，确实有点类似美国小镇。

不过，对于写作环境的看法，马尔克斯承认他与威廉·福克纳多少达成一致，后者曾说作家最完美的家是妓院，上午寂静无声，入夜欢声笑语。马尔克斯心中的理想写作环境是：“上午在一个荒岛，晚上在一座大城市。上午，我需要安静；晚上，我得喝点儿酒，跟至亲好友聊聊天。我总感到，必须跟街头巷尾的人们保持联系，及时了解当前情况。”

03

大多数人喜欢引用《百年孤独》的第一句话，部分原因也是马尔克斯确实很看重作品的第一句话，他花费很多心力（或者公允地说，大部分作家都不得不看重第一句话）：“因为第一句话很可能是成书各种因素的实验场所，它决定着全书的风格、结构，甚至篇幅。”也正因此，呈现出来的一句话背后的知识含量以及情感深度，往往需要很多时间去酝酿准备，到了最后写的过程往往很短。还是以马尔克斯为例，他写《百年孤独》只写了两年，却准备了15年，其他作品也是如此，“如果一个想法经不起多年的丢弃，我是绝不会有兴趣的。而如果这种想法确实经得起考验，就像我写《百年孤独》想了15年，写《族长的没落》想了16年，写《一件事先张扬的凶杀案》想了30年一样，那么，到时候就会瓜熟蒂落，我就写出来了”。

马尔克斯获得人生中第一个比较重要的奖励时已经35岁，说起来不算年轻，那是1962年，他以《恶时辰》获埃索奖。据说当时他的小伙伴们不少已经扬名立万，这也迫使马尔克斯搏一把大的，他在1967年出版了《百年孤独》，那一年刚好40岁。在他写《百年孤独》的两年过程中，妻子给予很大支持，独立承担家庭生计，保证他每天写作需要的安静以及他最终完成了写作。马尔克斯由此获得的成功超乎两人预计。

随后，荣誉接踵而来，《百年孤独》先后获意大利基安恰诺奖、法国最佳外国作品奖，1972年获拉丁美洲文学最高奖加列戈斯文学奖，然后就是1982年获诺贝尔文学奖。随着马尔克斯的影响扩大，他开始成为美洲文学活动家，认识新的人，甚至包括古巴前领导人卡斯特罗，也开始建立友谊，比如略萨，直到晚年，他还常常和朋友打电话聊天。初获盛名带来的曝光度，也往往带来孤独感，这点与村上春树曾经表示的自己在《挪威的森林》出版后的心情低落有些类似。马尔克斯觉得声誉确实让他心神不安，他表示自己讨厌采访，“在我们这样一个没想过会涌现一批有成就的作家的大陆上，对于一个没有文学才华的人来说，更是如此，因为他的书像香肠一样地出售。我非常讨厌自己变成众目睽睽的对象，讨厌电视、大会、报告会、座谈会……我不想跟任何人争名夺利。这和登山运动员一样，冒着生命危险攀登高峰，但是一旦登了上来，下一步该怎么办呢？要下去，或者争取明智地、尽量体面地下去”。

04

“马尔克斯这个人说话不能信。”和一位出版界朋友聊到马尔克斯以及他的作品时，我的朋友脱口而出。这完全不是情绪之言。说起来，马尔克斯应该是出版商喜欢的作者，不仅人足够有名，而且他也善于为自己的作品华丽代言，几乎每本书都是如此。

例如，他谈《霍乱时期的爱情》是他最好的作品，是他发自内心的创作，而《没有人给他写信的上校》，他说自己写了 9 遍，“它是我所有作品中最无懈可击的，可以面对任何敌人”。至于《族长的秋天》，他将《百年孤独》作为模板，“如此有一天，当没有人记得《百年孤独》中的奥雷里亚诺是一个人还是一条街的时候，《族长的秋天》将使我免于被遗忘”。他的处女作《枯枝败叶》，即使在写了《百年孤独》之后的 1973 年，马尔克斯仍旧表示偏好，说《枯枝败叶》是他最喜欢的作品，“它最真诚和自然”……诸如此类的演绎之下，马尔克斯简直快成为奈保尔笔下的喜欢谈论预告自己作品的福楼拜。

对于马尔克斯这样的大师，学习其开头甚至魔幻形式，始终只是技术层面的模仿，而马尔克斯的伟大之处不仅仅在于技术，更在于他对于现实的触觉。即使我并不同意他的反美政治立场，但是他对于哥伦比亚乃至加勒比地区现实的关注，其实折射在他的魔幻情结之中。他自诩“小说是用密码写就的现实，是对世界的揣度。小说中的现实不同于生活中的现实，尽管前者以后者为依据。这跟梦境一个样”——小说比现实更为真实，真实到即使《百年孤独》中一个角色裹着床单升天的情节，其根源也来自某种现实场景。

如此一来，也许可以理解为什么马尔克斯可以成为马尔克斯，而马尔克斯的某些模仿者没法成为马尔克斯。阅读视野过窄是一方面，另一方面是如果无法直面现实，那么怎么会有好的作品呢，创作结果只能是犬儒的回避或者直接的批判，二者在政治上来讲或许有道德意义，但是在文学领域注定是虚弱而无力的。

白夜苦短人生苦长

每座城市都少不了自己的传说，正如人生的魅力来自故事，如果少了陀思妥耶夫斯基，那彼得堡也会减色不少，尤其是其“幽静而悒郁的夜晚”，更因《白夜》而令人神往。

《白夜》开篇，主人公“幻想家”自称在彼得堡已经住了8年，却几乎没有结交上一个熟人，但熟悉整个彼得堡对他似乎已经足够。他整整3天满怀惆怅在城里转悠，也不忘献上对于“美得难以形容”的彼得堡的礼赞，“我们彼得堡的大自然，随着春天的来临，会突然把老天赋予它的力量全部显示出来，一下子披上翠绿的盛装，开出五光十色的鲜花，那时自然界有一种无法解释的动人的情致……”

《白夜》有电影版，在那个年代的苏联，这电影前后自然也少不了波折，也曾引入中国，有年长的朋友迄今仍旧记得，据说那是 20 世纪 60 年代初期中国的文化小阳春所赐。自然，这又是另外一段掌故了。

《白夜》是陀氏早期作品，篇幅短小，情节简单，也不被列入代表作之列，就连刻板简略的官方介绍也能概括其梗概：天真无邪的姑娘爱上一个房客，两人约定一年后在桥上相见，“幻想家”陪她等待四夜，也爱上了姑娘，但最后房客终于出现，幻想家送上祝福。

这是一个简单的爱情四重奏。两个陌生人相遇了，一个人爱上另一个人，而被爱的人心另有所属。两人看似独立，却都因爱而不自由，无端被命运之手牵引相遇，甚至携手缠缚，又无端被分开。最终有情人终成眷属，而无心人继续流浪，一切欣悦悲苦终如梦幻，借白夜而生，因白昼而灭。于是，这四个白夜，犹如四幕戏，看似两个心为形役者的萍水相逢，实则是一个“幻想家”的暗夜呓语。

白天与黑夜的区别，由光而来，《创世纪》第一日，神说要有光，就有了光，后来看光是好的，就把光和暗分开了，称光为昼，称暗为夜。所谓白夜，原本指在高纬度地区的一种自然现象，表示整夜天并不完全黑下来。因为陀思妥耶夫斯基的《白夜》，彼得堡的白夜，从此不再仅仅只是自然景象，而是灵肉阴阳鸿蒙之处。

如果昼代表着理性与物质的绝对王国，那么夜则是感性与精神的无主疆域，游荡其间者，皆是灵魂居无定所之主。书中男主人公与女主人公的相遇与碰撞，无非是命运的必然，两人其实都是幻想家，一个执迷于等待，一个痴狂于陪伴，或者说，一切只是生命的幻觉，正如书中所言，“那是一个奇妙的夜晚，亲爱的读者，只有当我们年轻的时候，才能有这样的夜晚”。

陀思妥耶夫斯基的天才无人怀疑，如果说俄罗斯文学代表世界文学的存在之难，那么他又是俄罗斯文学之中的沉重极端，将人性中种种弱点尽情审问，可谓将人类精神的“阿喀琉斯之踵”一览无余。世界于他而言多少类似一个颠倒迷乱的精神病院，他笔下的人物都是和他一样的病人，卷中尽是长篇对白独白，但是每个人物却栩栩如生，充满存在感。

世人常常拿他与列夫·托尔斯泰作比较，大师亦有位序，我小时候很喜欢托翁，如今却觉得不堪卒读，倒是陀思妥耶夫斯基则几乎可谓时刻可以重读，他不为任何观念或主义而写作，而是天才的狂乱，在不断驱使他临摹我们这个疯狂而琐碎的世界。

他24岁时完成处女作《穷人》，进入文坛，被视为另一个“果戈理”，事实上他比果戈理不知伟大多少，28岁那年他因为反对专制而被判死刑，幸而最后一刻被改判为流放西伯利亚。随后的故事大家都很熟悉，西伯利亚十年，他遇到后来的妻子，罹患日益沉重的癫痫病症……多数评论家都认为西伯利亚算是其思想转折成型的时刻，他富于拷问苦难意识的著作多诞生于后期。

《白夜》写于《穷人》之后，流放之前，并不视为他的天才闪耀之作，但是从《白夜》其实已经可以看出他的与众不同。成篇的对话，意识的流淌，最难得的是他如此举重若轻：相遇，相爱，失去，偶然的一瞥，电光火石的巡检，照见灵魂的幽微悸动，然后迅速枯萎熄灭，就像一切都没发生过一样。

止庵先生曾经这样评价陀思妥耶夫斯基的小说："《卡拉马佐夫兄弟》最伟大，《罪与罚》最深刻，《白痴》最痛苦，《群魔》最黑暗，而它们一概都惊心动魄。"那么，我觉得《白夜》可以视为他小说最轻盈的一部，这是一部 19 世纪的小说，却在后工业时代的今天读来也毫无违和感，算得上为所有时代的人而写。

所谓轻盈，有些接近卡尔维诺《未来千年文学备忘录》中所说的轻逸（lightness）："我们在生活中因其轻快而选取、而珍重的一切，于须臾之间都要显示出其令人无法忍受的沉重的本来面目。大概只有凭借智慧的灵活和机动性我们才能够逃避这种判决。"

卡尔维诺还指出，"如果文学还不足以令我确信我不是在追逐梦境，那我就要求助于科学来培育我的景观，因为在科学中一切沉重感都会消失"。如果说卡尔维诺的总结是后天的思考，那么陀思妥耶夫斯基的小说则近乎天生的本能，在《白夜》之中，不仅以如梦似幻的方式探索情爱，同时也颠覆我们对于快乐以及时间的成见，甚至他的"景观"不仅展示了人性，而且符合卡尔维诺所求助的“科学”。

例如，小说结尾，男主人公对爱上别人的女主人公送上单纯的祝福，表示：“我的上帝！那是足足一分钟的欣悦啊！这难道还不够一个人受用整整一辈子吗？……”男主人公的祝福，很多人不理解，觉得不可思议。

这不是文学意义的浅薄抒情，而是对于生命的深刻自觉。我们对于幸福苦苦追求，事实上却往往迷惑于幸福的获得，这也是都市人不快乐的根源。一瞬即是永恒有其科学背景。以色列行为经济学家丹尼尔·卡内曼（Daniel Kahneman，2002 年诺贝尔经济学奖获得者）等人指出，人有两种思考模式，一种是经验自我，一种是记忆自我，前者多是当下体验，后者多是日后回忆。面对未来往往是记忆自我起作用，所以幸福感受离不开记忆，而记忆好坏只是一种感受，取决于事件高潮以及如何结束，并不取决于时间长短。

陀思妥耶夫斯基的伟大无须冗言，也在于他对于生存的感受力与灵魂的穿透力。借助主人公“幻想家”之口，他如此写道：“然而，我的夜毕竟比白天强！”“我是个幻想家，我在现实生活中拥有的太少了，所以我把像现在这样的时刻看得非常珍贵，不可能不在幻想中重温这几分钟。我将在幻想中怀念您，在幻想中度过整整一夜、整整一星期、整整一年。”

如此而言，如果认为白夜的一切只是一场了无痕迹的仲夏夜之梦，那么或许只是不解幸福之本源，也未能参破生命之虚妄。白昼并不比白夜更为重要，或者说更为真实，幻想往往比现实更逼真。

夜读《白夜》，我被一句话击中：“其实，我自己对人生又懂得多少呵！”这是女主人公的感叹，何尝不是作者的自况。一刻的欣悦等于一辈子的受用，反过来说，一辈子的追求也不过是漫长的空白，短的永远是快乐，长的永远是人生。或许，最透彻的还是上帝，白昼的一切不仅并不比白夜更为真实，而且一切的一切都是水面上的幻象，“我见日光之下所做的一切事，都是虚空，都是捕风”。

彼岸深河

如何超越俗世生活，蝉蜕此岸，这是关于未知的永恒问题。

作为远藤周作晚期最重要的作品，《深河》可以视为一本救赎之书，这是远藤周作最后的著作，也是最初的母题。作为一个东方世界的基督徒，远藤周作出生于日本东京，在中国大连度过童年，和他笔下主角大津一样，曾经远赴法国留学，回国后正式步入文坛。在战前夏目漱石等辈与战后村上春树等人之间，他是一个过渡承接。同时，虽有一生割舍不去的信仰与文化冲突，但比起偏好自杀颓败的昭和文豪们，他安然活过七十岁，1996 年去世。

《深河》是关于遥望与低回、寻找与失落、信仰与诱惑的驳杂之书——一如书中反复出现的印度意象，这不是想象中纤尘不染的佛教之国，而是更为现世多面的印度女神查姆达：焚烧的尸体，飞扬的骨灰，虔诚的信徒们，好奇的观光客，神圣与肮脏、怜悯与残酷、温柔与暴烈、酷热与清凉共生并存。

故事的主轴并不复杂，从一个日本奔赴印度的观光团说起，从旅客到导游，在看似轻松随性之下皆背负着生命的不堪重负：有指望能够拍摄火葬方面的猎奇摄影师；有因亡妻遗言“我一定会转世，一定要找到我”而执意跨海寻找的丈夫；有期望在印度亲身体验人与自然的共存的童话作家；有指望超脱战友与自身惨痛记忆的退役军人；也有始终不知道自己要什么的矛盾女子与冷眼旁观的导游先生……印度之行，成为他们的希望之旅。

正如远藤周作所言，各色各样的人背负着不同的辛酸，对比这些沉沦男女，始终追随上帝的日本教徒大津好像成为拯救的可能。事实上，他也别有心结。被抛弃、被戏弄的少年经历使得他皈依教会，但是经院神学并不能满足他对信仰的不断探求。在他看来，“神拥有各种脸”，除了天主教，也存在于犹太教、佛教、印度教等等之中，如是东方式的泛神论思想使得他也难以见容于正统，更无法在欧洲晋升神父。于是，异邦与异教的印度反而成为他的应许之地。

仅作为神学坚定信仰者的大津尚且如此，何况凡俗男女，人心如同水晶琉璃瓶，表面光滑可鉴，中间却密布各种暗纹，破碎成为支离世界的常态。“他无佳形美容，我们看见他的时候，也无美貌使我们羡慕他。他被藐视，被人厌弃，多受痛苦，常经忧患。他被藐视，好像被人掩面不看的一样。我们也不尊重他。”这段经文在书中反复出现，“他”是上帝，是大津，可以是每个人。

所谓“深河”，最直接的解释就是书中的印度圣河恒河，但是其实意蕴可以更多，这更是人间之河，横亘在彼岸与此岸之间，众生颠倒其间。正如美津子最后面对恒河，那一刻感觉稍微了解自己想要的是什么，她内心的语气不知何时转变成祈祷的语气，“河流包容他们依旧流呀流地。人间之河，人间深河的悲哀，我也在其中。”

《深河》是本彻底悲哀的书，大千爱恨，不过数章，已经写尽，同时，《深河》也是一本无比温情的书。作为无神论的你，或许也可以说，《深河》只是一个基督徒临终的赞美诗，这样评价或许也不错，它原本就是这样一本朴素的小说，寻常到书中人物往往不过是街头庸常男女，这也就是我喜欢它的原因。如果我们足够真诚，足够勇敢，如同小说中大津与美津子那样，可以承认“神”在书中可以出没于各种天南海北的宗教，那么“神”甚至可以只是一根“洋葱”。

存在之难

她像别人一样，有过她的恋爱故事。

——福楼拜《一个淳朴的心》

活过、爱过、写过。

这是司汤达的墓志铭，一如既往简洁扼要，以文字最应该呈现的方式呈现，无可再减。年少如我，以为这就是司汤达式的人生观，渐知人事，才知道这原本关于世界的一切知识，任一般花开花落，每一种雨过河源，无非如此，是英雄美人与凡夫俗子共享的结局与宿命。真实的人生往往难有豪情如旧，多是沉默喑哑，就像福楼拜在《一个淳朴的心》中写普通人，岂止恋爱，生老病死无非“和别人一样”。然后呢，一切都有一个句号，然后的然后总是没有然后，死亡是一切的结束；然而，人总是软弱而固执地寻求原因，就像作家止庵《惜别》所言，“世上什么事情都没有结论，唯独死亡是结论。然而死亡本身也许还需要一个结论”。

《惜别》的源起，是止庵母亲的三年多前的离世，两人相处相依多年，关系有点类似日本导演小津安二郎，而这本书自然也成为止庵著作中最为感性也最个人化的一本。止庵的父亲去世多年，他在父亲去世时候曾经这样写过，“父亲去世给我的真实感觉并不是我送走了他，而是我们一起走了很长的一段路，他送我到一个地方——那也就是他在这世界上的最后时刻——然后他站住了，而我越走越远，渐渐看不见他了”。

对比之下，告别母亲就更为艰难。经过时间缠绕的亲密关系，自身也有生命，对于人的影响无声而深远，就像两种颜色的燃料从不同起点合流，中途一种颜料结束了，另一种继续向前，焕然不知之间，颜色与起点已经大有差异。差异大小本身取决于二者，意识不到这种差异，或许是幸运的，意识到这种差异，如果又过于敏感，对于自我定位或许也要有些变化，昨非昨，今非今，我非我，正如止庵所谓“我仍然在体会已经不存在了的她的感受、想法和心境，我还没有离开‘她的世界’。回过头去，我还看得见她”。

然而，存在难，不在了的确认也很难，就像一个朋友在微博写父亲离开，“爸爸去世两年半了，一直舍不得从手机联系人中删掉。前两天，微信通信录上有人加我好友，一看资料显示的是‘爸爸’。因为中元节没过两天，所以，你们懂的，我顿时想多了。好半天明白过来，一定是这个号码好久未用也未交费，在轮空一段时间后重新启用了。真奇怪，总觉得爸爸也跟着轮回转世了呢”。生死之间，唯有虚空，而人世纵难，生者也要继续独行。

《惜别》分为六部分，存在与不存在、曾经存在、在死者、不存在之后的存在、向死而生、留影。留影系列比较特别，全是照片，是止庵母亲的系列照片，从四十年代的旗袍照到去世前不久的照片，看得出是美人，老年也风度洒然，甚至有点小津偏爱的日本影星原节子之味道。六部分基本主题可以分为间杂而行的两条线索，一是梳理了生死观念，这其实也是止庵以往作品中类似思想的延生，二是止庵母亲的生活，引用了不少书信以及日记，比如“下午阿姨来后，就让她推我去沃尔玛。这两天暖和，下午出外特别舒适，院内南门外，只有几天，又开了几片红色的花（不知名），矮树上红似小喇叭的花，密密麻麻，真好看。在沃尔玛买了两盒三元牛奶（仅有的），结果奶酪忘买了，买了排骨、水果、蔬菜、豆制品回来”。这是书中我看的最为投入的部分，做菜栽花购物看电影，如此真切如此细碎又能如此有做派，可见是一位懂得美好努力生活的女性。这些极其富有日常烟火味的情感与情绪，晕染成为《惜别》的底色，也构成与市面流行的回忆录的迥异旨趣。

近年随着各种思潮解禁，各种私人记忆与家族历史重现。作为习惯在集体记忆之下的人群，这无疑是一种进步，但是这些叙述追求历史中个人的时候，政治与时代的着力过多，有时的求异反而变得求同，往往难免落入与时代共鸣的窠臼，换而言之，以对抗集体主义为主旨的作品命运，本来就难以脱离集体主义的集体梦魇。

另一方面，私人记忆流行，这也让我想到张爱玲。她说自己是嘉宝的信徒，推崇一幅比喻嘉宝的漫画，就是一片青草地上面写明“私家重地，请勿践踏”。换而言之，我并不偏好私人记忆，不时总有步入禁地的不适感，虽然看似得到邀请，并非人人都愿意而且有心力承受这些分享，大多数的人生都那么沉重而琐碎，唯一的安慰在于，对于作者而言，写下确实是一种治疗，是否痊愈是另一回事。

从更大的视角审视同类作品，或许可以看出《惜别》的不同。全书叙述之中，不仅可见止庵母亲家世不凡，而且一生不乏跌宕故事，也能敷衍出精彩的非虚构作品。当然，止庵不去写那些时代传奇，闲闲一笔带过，着力于生活与平淡，不落坊间回忆俗套。也正因此，《惜别》中花心思晕染最多还是日常氛围，“最能将已经去世的母亲与此时当下联系在一起的，就是这种日常生活的氛围。她曾经享有的，或者她永远错过的。简单，平凡，然而强烈，持久”。这种平淡自然的味道知难行易，恋爱会完，革命会结束，而生活总是在继续，不是吗？

《惜别》写作之中，除了阅读书信日记，止庵也花了很多时间阅读生死攸关的书籍，我不知道是搜集素材还是排遣。关于这类书籍，我向他推荐过一本法国作家艾尔维·吉贝尔所写的《给我没有救我命的朋友》，也许不是他的趣味，但我个人很感动。

艾尔维·吉贝尔患上艾滋病，在去世前两年写作这本书，他的目的是有尊严地死去。这本书中有太多正面的死亡与性的描写，刺激也暴烈。关于作者自身，也关于他的挚友福柯（书中名字穆兹），两人的命运因为艾滋病而联系在一起。穆兹曾经如此谈论疾病与死亡，“他那玩意（笔者注：诊所）不该是个让人来等死的机构，而是一个让人假装等死的地方。那里的一切都该是灿烂辉煌的，有富丽堂皇的油画，美妙的音乐，但这些只是为了更好地遮人耳目，因为在这诊所的深处，会有一扇小门，也许就在某幅让人心驰神往的油画后面，在让人昏睡的旋律中扎一针使人涅，然后悄悄潜到那画的后面，嗨，人就消失了，在众人面前我们死去了，但我们在后院，在墙的另一面无人看见的情况下重又出现了，没有行李，两手空空，也没有名字，然后为自己寻找一种新身份”。

福柯说得轻盈，好像死亡就是一次换一种新身份的微服私访，然而死亡终究难以轻松，甚至生离其实也难等同于死亡。我们对于死亡是从临终之前才开始真实体会，未曾跨越旁观生死之门之前的言行，很难说能够经历时间的变化。甚至，终其一生，我们总是回避死亡，甚至谈论书写死亡也只是一种回避，正如让·考克多所言：“它（死亡）善于模仿，当它似乎离我们最遥远的时候，它就在我们生活的欢乐中。它是我们的青春。是我们的成长。是我们的爱情。死亡的象征意义在于它只在最后一幕出现。”

据说《惜别》写了两三年，我到手之后不能释卷，当天夜里读完。按照止庵以往所说读书时间应该与写作时间对应的原理，即写作者投入最终也表现为读者的投入，我的阅读时间是太短了，体会也难说深厚，但是我们是如同疗伤一样在反复寻找我们匮乏的书籍，存在的难题困扰着作者，而这种困扰的分享也构成对于读者的解脱。止庵本人的克制与分寸感，使这本书可以称为一本哀而不伤的著作，他的人生哲学近乎庄子，行文倒是有点孔子的含蓄味道，“子在川上曰：逝者如斯夫！不舍昼夜”，无奈是无奈，忧伤是忧伤，但是也就仅此为止，须知眼泪，也不过是体液一种。

道士下山人迟暮

山中方一日，世上已千年。

“你能不能从世上得到一个馒头？”1926年，当道士何安下从山上到了西湖，这是他考虑最多的问题。

他初遇一个好心的店主，面对对方侃侃而谈也不过赔笑一句，还是给我个馒头吧，再到为店主报仇之后躲入寺庙，思考也不过“我该如何生活呢？我知道许多修炼的秘诀，但我没能力从尘世赚回一个馒头”。等到他经历了各种奇遇——无论是太极高手还是藏传活佛，无论是特务还是民国高人，抑或日本武士与纳粹博士，无论是武林恩怨还是个人情仇等等，他再次回到西湖边上，仍旧驻足第一次停留的垂柳下，恍惚之间回想起当年，还是能不能从世上得到一个馒头。

01

徐皓峰的小说《道士下山》也可以叫作民国道士奇遇记，甚至也可以搞怪地说是馒头奇遇记。馒头对于国人除了馒头的本意之外，更有谋生之用，更有生老病死的关系，禅宗曾用“咬铁馒头”之说比喻，而“土馒头”更是中国人坟墓之代称，唐人说：“城外土馒头，馅草在城里。一人一，莫嫌没滋味。”宋人善七言，继续有言是“纵有千年铁门槛，终须一土馒头”。

对于大众而言，徐皓峰是新近为人所知的人物，不少人是因为他作为《一代宗师》的编剧之一而关注到他。其实徐皓峰自己也拍电影，不过目前还是无缘得见，期待更多公开放映。其实好几年前他写《逝去的武林》时，我就已经注意到他。

《逝去的武林》好在其纪实性质，闲散平实中讲出过去武术乃至民国历史的数十年黄金时代。李仲轩 1915 年出生，2004 年去世，天津宁河县人，形意拳大师唐维禄、尚云祥、薛颠的弟子，武林名号“二先生”。其家族为当地世家，但因为武术，放弃为官机会，也遵师命不收徒弟，34 岁自武林退隐，晚年看门为生，为“中华武学最后一个高峰期的最后一位见证者”。《逝去的武林》中主角是李仲轩先生，作为见证者的见证，徐皓峰只是退居台下，但整理挖掘之功不可小看，这本非虚构作品可能是徐最为扎实的一本记载，他的后期虚构作品的演绎以及发展或许都可以从中找到根基。

现代人拒绝浪漫也享受不来，在新派武侠小说之后，我本来觉得当代人写不好武侠了，没想到徐皓峰的《道士下山》很不错，这也是我看他的第一本小说——据说徐皓峰写小说时候用“徐皓峰”这个名字，编剧拍电影又用徐浩峰，我在这里就谈写小说的徐皓峰罢了，无非一个武侠迷的个人观感，本文所谈就是小说《道士下山》，电影《道士下山》应该不会去看了。电影和小说本身是两种特质，一个追求画面与理解，一个追求意向与深度，这也使得二者区别很大，用媒介来说，一个是热媒体，观众接受为主，一个是冷媒体，读者还需思想填充。

02

这一点对于既是导演又是作家的徐皓峰深有感触，他举例说起古龙的代笔小说《那一剑的风情》之恶劣，“将古龙以往小说的桥段集中在了一起，看得人毛骨悚然。好桥段是在一个故事里自然生出来的，有前因后果，如同脑袋长在身上。此小说，则是一堆脑袋簇着，无身无脚，状如闹鬼”。这本小说从小说而言很差劲，从剧本而言却很成功，这就是小说和剧本的最大区别，“没人认为它是古龙最好的小说，但它是我们追求的剧本”。

徐皓峰认为写作时思维程度深，构思阶段思维程度浅，在新书《坐看重围——电影 < 师父 > 武打设计》中特别强调，“而编剧的痛苦在于，人人能看懂的好剧本，往往不是剧本，是一个像小说、素材、公告的怪物”。至于写诗歌小说，“则要像防敌一样，避免公告的概括性和逻辑性，支离破碎才是诗歌小说”。可惜世人常常本末倒置，“多数人用公告之法写小说，以读报的方式读小说，常有‘真棒，几乎是报告文学！’的赞语。社会信息含量多，并不等于艺术价值高。小说的艺术价值在于洞察不同时代的人类处境——我们活在什么局面里？局面就是命运，小说的美感是揭示命运，而非论证和评判”。

小说与电影的不同，很多时候也注定小说是个人创作，电影是集体作品，看风格，小说更为明显。有人说徐皓峰风格可以追溯到平江不肖生等人，不过我觉得明显可见他推崇古龙，不仅在于古龙文字技巧，更在于对武侠新路的探索。他尤其欣赏古龙绝笔小说《猎鹰赌局》，他在《道士下山》的前言就如此夸奖，“每篇都写得很有自制力，惜字如金，国画一样留白……古龙在生命力衰微时，焕发出创造力，留下武侠小说的新鲜路数。此路数会有后续者，我便试着沿此路数去写民国的江湖”。

《猎鹰赌局》是短篇而成，彼此衔接，但对于很多武侠迷甚至包括我，都不会觉得《猎鹰赌局》是古龙的上佳之作。对于晚年古龙的欣赏，由此也可以看到徐皓峰的旨趣的导向，这是他同过去武侠名家的不同之处。

武侠小说真是童话，无法认真对待，有人说金庸是少年，古龙是成年，其实武侠都是少年心态，金庸是青衫少年，梁羽生是白面书生，古龙则是牯岭街少年。而徐皓峰不是，他的文字偏向老练，而且整个作品气质是老人视角，这或许和他研究道教有关，也与他接触民国老人有关。他在短篇《国士》里面写老人，也写得令人神往，很少看到有这样笔触写出昔日士绅的派头，“北方上首的主客位置，坐的是鲇鱼眼老人，他穿了新衣，通身的黑色大衫套深红色外袄，花白发丝油亮。在座老者皆衣着华贵，相貌堂正。按北京话讲，名家须‘养样’，养得有模有样，让人望而生敬，场面周旋占尽优势……席间，名家们络绎不绝地跟他搭话，风土人情、时局政治，礼貌得体，言辞风趣。一度恍惚，觉得活在这帮人中间是如此惬意”。

《国士》主角郝远卿本来不解北方风情，已动斗念，但“望着这帮年久成精的人”，也不得不感慨：“人老了，竟可长得这么好看！”读者此处，也是一样感慨，而徐皓峰小说，其实也是属于老得好看的特质。

03

《道士下山》虽然是徐皓峰武侠处女作，但他沉寂多年出手，天然就是老人派头，慈悲又残忍。书中说起背叛以及复仇，尤其是整容店主一家的故事，何安下为了报恩，就弄沉了店主夫妇的船，因为他认定二人有罪，至于店主妻子是否真的谋杀是否真的罪有应得，书中并没有确定似乎又是如此无关紧要，这是残忍的地方。

又一节说生日，“人的生日，并不单是妈妈生你的那一天，还有很多，能令你心境改观的，便是你的生日”。某种意义而言，如果一直在观念更新，那么就一直在重生之中。这是老人视角的慈悲从容之处，令人记取了钱给妻子的书信：“陌上花开，可缓缓归矣。”后人评价姿致无限，即使江山人非，也还是令人怀念。

其实，徐皓峰的老人视角写情爱虽然着力不多，但有独到之处。小说既然放置在民国背景之下，那是一个已经被启蒙的时代，他的小说中的女人反而比起以往武侠名家形象更为生动，比如写刺杀孙传芳的施小姐，以及保护杨杏佛的女秘书，都显得婀娜之余，不失刚毅根性。

现代社会吹捧年轻，其实还是浮躁。原因之一是部分老人失去自信意态之后的失态失仪，而据此找到的年轻人无非是迎合老人的投机之辈而已。看英剧，说起老年贵妇，都是说越临近凋零而越发美丽，所谓夏日最后一朵紫罗兰。

老辈人写民国，按照感官写就是，比如《侠隐》就是这一平铺直叙也觉得好看，也是占了年龄的便宜；但是后代人写，吃力很多，不得不借助老人回应以及想象，一不小心，就成为伪书伪人。比如一个朋友就曾评价《一代宗师》里没有一个真人，就是马三看起来还真实一点。徐皓峰的可惜与可贵都在这里，有挑战也有磨炼。

04

徐皓峰的小说令人激动，但是并非没有障碍缺憾。大家觉得他写硬派武侠出众，这也使得他的武打过于写实，而且从小说而言，他的武侠类似古龙笔触，但是连开头精彩结尾草草都有些类似——据说古龙当年开头写得精彩，是为了借开头从出版商那边拿到预付书款，所以不得不以精彩吸引人，但是拿到钱之后往往寻欢，拖稿代笔难以避免，导致他的小说往往虎头蛇尾。至于徐皓峰，虽然也说过编剧拖稿各种桥段，他显然是比古龙认真很多，结尾也比古龙有章法，但是中间部分往往有不如开头处，或许也是期待表达太多而失去收敛。

这些缺点也源自武侠小说叙事套路的本来局限。《道士下山》中写民国军阀乱世甚至日本特务犹可，等到纳粹博士出现，就充满了违和感，毕竟武侠叙事还是在中华叙事之中才能完成，否则就有中西医的冲撞感。这种违和感在武打电影中更多，甚至是烂俗桥段流行，徐皓峰接受采访时也说武侠电影打洋人未必是民族情绪，只是商业动机，李小龙成功了，后面只能按照这个套路来。

正是因为现代感冲撞，武侠小说很少写到现代，只有退回到古代，才是安稳平和的所在，这是一种叙事策略的自我退让与自我保护——新派武侠兴起于晚清民国时期，却绝少写当下，即使梁羽生第一部写《龙虎斗京华》，开创新派武侠，这个故事发生在义和团运动时期，往后他的小说年代却继续往更久远处衍生。从写民国武侠这个意义而言，徐皓峰是填补了空白，与此同时，他也不可避免要面对可能的冲撞甚至滑稽。

虽然武侠小说和武术是两回事，但是武术在民国的兴起与凋零，多少应对了武侠小说的热度。民国时代，武术被称为国术，推崇的是保家卫国，私人恩怨反而次之，李仲轩老人就说：“勇气和本领要报效国家，对于私人恩怨，摆出一副窝窝囊囊的样子，最好了。练劈拳的时候，不准在人多的地方练，不准占别人的地方。遇到有人生事，不准动手比武，要学会以理服人、以德服人，要留着时间习武，不要卷入是非中，虚耗了光阴。”

武术的热闹背后，也少不了各路军阀乃至政府的重视，武馆遍布全国，武术比赛也真打实斗，这多少也因为战争情况下期待培养民族尚武精神。尽管如此，这是短暂的辉煌，随着与武术并生的职业（如武馆、镖师等）不再存在，如今的武术已经流于表演性质。

此外，徐皓峰小说中有很多野狐禅套路，有笔记性质，比如吃猕猴桃可长生不老、白猿刺客、日本人自带大米等掌故，看起来又好玩又有些怪力乱神的感觉，未必没有典故，但是不可全信。不过好就好在他没有文人写武侠喜欢掉书袋乃至炫技的趣味，闲闲写来倒是比其严肃考证有意思，毕竟这是武侠小说，不是严肃文学——二者或许趣味无高下，但是好坏标准不同，严肃小说是庙堂训话，如同师友，不得不激人思考，武侠小说是江湖夜会，如同老友，一本正经反而端着，失之亲切可爱。

从某种意义上说，武术和武侠小说，本身都是迟暮的艺术，在历史的长河中，如果能够留下一二存照，也是对于旧时光的眷念，给予当代人一个回忆的念想。李仲轩老说得更好："人听戏会受感动，在天地万物中也会受感动，有感动就有功夫。一感动，拳架子里头的东西就不一样了。到时候，琴棋书画、山河美景、禽兽动态都可以借来入象。练武人学了文化，能比文人用得还好，都能用在身上。唐诗也是象形取意，练形意，练得诗兴大发似的，就对了。"

要消失的东西最终会消失，但不改初心与初衷即为豪情本色，而记忆留存以及口口相传也是一种不朽的方式。我有一种感觉，或者毋宁说是一种期待，《逝去的武林》是徐皓峰的一种理想原型以及知识宝库，他后来的小说，不断回溯，只是为了使得《逝去的武林》的人物以及时代更为立体生动而已——我总觉得这类写作归根结底是对于一个充满秩序感的旧时代的怀念，而且这个时代很可能在外人看来只是一个怪力乱神的无边梦呓。但是，如果能够做到而且坚守上述这点，其实是对于过去的社会过去的人物过去的武林，抛开真假的追究，这是所能给予的最大的善意与温情，就像徐皓峰所言，“武侠本是一种情怀，无须写尽，如三少爷的剑，虚刺一两下，对手便意会到自己的胜负生死”。

关于／救赎

太宰治：懦弱与骄傲

问问老天，不抵抗是罪吗?

——太宰治

我无话可说，祝你们幸福快乐!

——贾曼（英国导演）

加缪曾言，真正严肃的哲学问题只有一个：自杀。

然死生之事，于作家亦莫大焉。想象这样一个作家，一生以毁减生命为志业，从 20 岁起五度自杀，终于在 40 岁前了结生命；想象这样一个作家，毕生的写作都是以自身为蓝本，自传体式的回忆贯串文本；想象这样一个作家，生前毁誉参半，死去近 60 年还不断被追忆，连忌日都成为节日……他就是太宰治，日本无赖派大师，在日本与川端康成、三岛由纪夫并列战后文学的巅峰人物。

01

太宰治，本名津岛修治，1909 年出生于日本青森县北津轻郡贵族家庭，父亲是当地首要人物，曾任众议院议员、贵族院议员，母亲体弱多病，不能亲自抚养孩子，所以在十个孩子中排行第九的太宰治自小由姑母及保姆照顾，父亲的严厉与母亲的缺位让太宰治从小心思纤细而敏感。太宰治在初中时开始创办同人刊物，从此决心以文学为业。1930 年至东京大学法文系就读，师从井伏鳟二。大学时期太宰治积极参加左翼运动，同时开始过着放浪不羁的生活，曾与艺妓同居，毕业后走向消极，其间 4 次殉情未遂，39 岁时与最后一位爱人相约投水自尽。1935 年，太宰治以《丑角之舞》初登文坛，短篇《逆行》亦入围芥川奖，后来陆续出版不少的作品集，其中尤其以晚期的《斜阳》与《人间失格》为人称道，被誉为战后日本文学的金字塔作品。

日本一向有“私小说”传统，纵观太宰治的重要作品，无论短篇如《东京八景》《小丑之花》还是长篇如《晚年》《斜阳》《人间失格》等等，都是对自我生活的写照，主题也颇多重合，大多是一个落魄主人公的毁灭之路，职业也往往是作家或者画家，连自杀的地点时间缘由也往往与他的亲身经历重叠。按照伊藤整和平野谦 1945 年对“私小说”的分类：表达“生存的危机”感的，是破灭型；克服“生存的危机和破灭”感的，是调和型。虽然太宰治未必认可“私小说”以及其分类，但是从风格上说太宰治无疑属于前者，对现实无力也无心调和，这是他的懦弱，拒绝一切妥协，也是他的骄傲。

02

太宰治最重要的小说是遗作《人间失格》，此书完成，他旋即投水，可以说算是天鹅之作，蕴藏了他一生的遭遇与映射。“人间”这个名词，在日语是与“人”同义，不具“社会”等含义，所以“人间失格”的意思就是“丧失做人资格的人”。全书由序曲、后记以及三篇手札构成，典型的太宰治式套匣结构。书中主角大庭叶藏自认天生是个“边缘人”，所以曾经积极参加非法的马克思主义社团，后来因为与女优相携自杀的时候，女方身亡而他获救，所以他被以教唆杀人的罪名短暂入狱，沦为罪人；结婚之后，纯洁的妻子却因为信任而遭到他人玷污让他彻底崩溃；最后大庭叶藏这么一个丧失为人资格的人完全凭感情行事，一步步由病弱无力走向堕落的人生，从沉湎药物、买春、自杀到完全不理解他人，同时恐惧弃绝世界，最终被送进精神病院。日本评论家奥野健男尝云以文学来说，对于他，坂口安吾为父，太宰治为母，他亦是算太宰治的一个知音，他理解《人间失格》是“太宰治只为自己写作的作品，内在真实的内容自叙体”。

无论身逢乱世还是太平年间，最大的兵荒马乱到底都是幻灭。“人为恋爱与革命而生”，这是太宰治晚年代表作《斜阳》的主人公和子的观点，而太宰治经历过革命的失败与爱情的沦陷之后，倘若不能犬儒，即使他熟读《圣经》也难觅归宿，那么虚无是唯一减缓痛苦之道。尼采强调宁愿追求虚无也不可无所追求，所以他即使反基督也就是在基督教的更大的框架之内进行，从某种意义上分类，尼采属于“强”的虚无主义者，表现是强者，但是太宰治是“弱”的虚无主义者，表现是懦夫——这里的强与弱，只是一种浮在存在之上的姿态，本质上到底还是一致。由此，太宰治的小说往往刻意表现一种懦弱美学，《人间失格》里说：“懦夫连幸福都害怕，碰到棉花也会受伤。”所以不仅没有勇气奋起抗争，而且连幸福、爱情也不明所以，往往承受不起，《人间失格》主人公每日自责“苟活着就是罪恶的种子！我的不幸，是无力拒绝他人的不幸。一旦拒绝，不论对方或是自己心里，永远都有一道无法弥补的白色裂痕。我被这样的恐惧胁迫着。问问老天：不抵抗是罪吗”，最后灵肉一起湮灭。因为不抵抗之罪，所以失去为人资格，这不抵抗之罪其实也正是骄傲：拒绝一切形式的妥协，以放弃抵抗来表示自己的立场，在另一本《斜阳》中，主人公即使在自杀的遗书最后一节，也要写下“我是贵族”。可惜，骄傲更为七宗罪之首。

03

无赖派文学，灵魂憔悴破败之音。顾名思义，无赖派文学在日本主要是指以自谑的态度来表现战后日本战败社会与现代人精神与感官世界的双重萎靡，疏远于主流之外，以颓废抵抗社会化，现代人身陷其中而又难以脱离的异化被一再抵制，由此“无赖派”对战后日本文学的影响深远。太宰治在《东京八景》中有段话很形象地表明了无赖人的无奈境地：“我是无知骄傲的无赖汉，也是白痴下等狡猾的好色男，伪装天才的欺诈师，过着奢华的生活，一缺钱就扬言自杀，惊吓乡下的亲人。像猫狗一样虐待贤淑的妻子，最后将她赶出。”“我深刻体会到，像野兽的，并不只有所谓的军阀。那并不拘限于日本人，而是人类一个大问题。”（《货币》）当社会已经成为一种惩罚与训诫的严密组织的时候，太宰治的主人公往往表现出很强的边缘性人格障碍，厌倦社会，太宰治书中主人公或者说他自己往往对社会的格格不入，“不合法，对我来说有点好玩。说得更明白点，这让我心情大好。世界上所谓的合法，反而都是可怕的”。（《人间失格》）同时又因无力反抗而厌倦自我，所以以不作为的颓废堕落来抵制一统的普世价值，但是理性思维与非理性行为在不断脱节拉锯自责，最终生命在自我沉沦与放逐中跌入毁减灭绝。

对于太宰治作品的评价，争议往往很大，爱者众多不假，诋毁者也不少。还是奥野健男说的最为切题，“无论是喜欢太宰治还是讨厌他，是肯定他还是否定他，太宰的作品总拥有着一种不可思议的魔力，在今后很长一段时间里，太宰笔下生动的描绘都会直逼读者的灵魂，让人无法逃脱”。因为，我们心中或明或暗，都存有懦弱的一块，被它无声地侵袭，无从回避。

04

因为太宰治一生多次自杀，所以在他最后一次也就是第5次自杀之前的失踪，1948年6月15日的《朝日新闻》还登载了一则小新闻《太宰治先生出走了吗？》；6月19日，太宰治与情人在玉川上水投水离世，因为这天也是他39岁生日，所以从此在日本生死如果在同一天，就会被称之为“樱桃忌”，语出太宰治晚年作品《樱桃》。

加藤周一认为日本人的死生观中，自杀非常重要。日本人认为生如樱花，在绚烂的巅峰迅速凋谢是非常具有美学意蕴的，画家古贺香江直接说：“再没有比死更高的艺术了，死就是生！”

所以日本现代文人多有自戕之举，太宰治之外，北村透谷、芥川龙之介、川端康成、牧野信一等均是此辈中人。自杀的作家中，深究个中原因，恐怕除了文化之外，有太多伤痕是历史生生割出来的。至于太宰治，日本评论家平野谦说：“太宰的死，可说是这种历史的伤痕所造成的。”太宰治作为战后崛起的作家，以昭和十二年（1937 年）为界，战前战后的变故足以摧毁太多东西，他大学时代就对左翼运动有极大热情，之后经历左翼运动被镇压，日本战败，战后左翼的妥协，日本文明的瓦解，国家被迫转型，这些动荡虽然在他小说中着墨不多，但是对于生命信仰的破坏却是致命的；从个人来说，从小缺乏家庭关怀，生性敏感，神经纤弱，厌恶家庭却一生都在经济上难以脱离家庭支持，这些都最终促使他彻底走向虚无。

05

在大陆出版过的太宰治的作品，据我目力所及，在 2006 年前除了北京师范大学出版社出过《人间失格》，上海译文出版社和山东文艺出版社分别出版过《斜阳》之外，唯一的是 2006 年新星出了本太宰治以鲁迅为原型的中篇小说《惜别》，是为了纪念鲁迅先生诞辰一百周年。《惜别》一书，是太宰治受日本的内阁情报局和日本文学报国会的委派与资助而写成的，后两者的目的自然是为当时的大东亚思想服务，但是太宰治在书中基本保持了独立。可惜这本书在太宰治的作品中评价不高，首先因为日本战后对鲁迅的评价基本是以竹内好的观点一统学界，其次《惜别》中鲁迅的形象由于受制于有限的资料，过于机械，所以太宰治这本书日久就渐不为人知了。

小川洋子认为作家必然是站在生者与死者的界限，视角往往是已死之人，太宰治亦然。但和其他大师好以上帝的视角俯瞰众生不同，太宰治对人间的深意凝视常含情意，连讽刺以及憎恨往往亦寄予温煦，所以他的文风多情怀旧处不让女子——对于诸多的美好，海角的花朵，裸泳的少女，奔走的美乐斯，庭院中的灌木，地上的日影，于他都不是不能欣赏啊。因为懦弱，所以逃避生命，以不抵抗在最黑暗的沉沦中生出骄傲，因为骄傲，所以不选择生，所以拒斥粗鄙的乐观主义。或许正如他写到的古希腊女诗人萨福一般：“以为纵身跃下山崖，就可以忘记思念。”灵魂破碎之后，我们在歌舞喧哗中继续苟且，他选择死亡，谁更好一点，只有上帝知道。

审判王尔德

1885 年，英国伦敦。

当时欧洲最受上帝恩宠的天才王尔德，因为与年轻俊美的阿尔弗莱德·道格拉斯爵士有染，不断受到其父亲昆斯贝理侯爵斥责，后王尔德决定对侯爵发起起诉，结果王尔德上诉失败。这场官司轰动了世界，最终他反被以“严重有伤风化罪”被判入狱。这场官司让这颗英国文学史上最耀眼的新星从此陨落，财产被没收，人们对其落井下石，孩子也不得不改名换姓。判决生效后的王尔德拒绝友人出逃的建议，在监中饱受折磨，出狱后隐姓埋名，不久流落街头贫困至死。这位生前妙语如珠的唯美主义“夜莺”，曾经如此感叹道：“我的一生有两大关键点，一是我父亲把我送进牛津大学，一是社会把我送进监狱。”

尽管已经过去 200 多年，很多历史的喧嚣早已经寂然无声，而王尔德死后，整个世界又怀念起他曾经无尽的蛊惑，特别是关于那场审判的传记滚滚而来。个中原因,除了他7年多的作家生涯，也多少与他在法庭上的出色申辩关系甚密。这 3 场审判成为他人生的顶点，甚至是一场他华丽的个人表演。他在法庭上的申辩中谈到：“对于这种爱的名字，本世纪无人敢于提及。然而它是一名年长男子对于一名年轻男子所产生的极其伟大的感情，就像大卫和乔纳森，就像柏拉图哲学理论的基础，就像你从米开朗琪罗和莎士比亚的作品中所发现的精神。它是深刻的精神之爱，既纯洁又完美。”作为公众人物，王尔德的一言一行都是舆论的焦点，这段话对后世影响极大，1885 年注定从此被定格在人类性解放的历史上。

回望处于道德焦虑下的维多利亚女王时期，如此虚伪刻板，如此滑稽可悲。由于夹杂宗教原因，同性交往往往是被视为最大罪恶，甚至有过于谋杀。但是根据后人的资料显示，当时男风之盛相当惊人，有人甚至说只有长相猥琐之类才没有去搞同性恋。

讽刺的是，当时甚至没有“同性恋”这个词语，只有“鸡奸”，越压制越疯狂，越拯救越堕落。王尔德的恃才傲物和放浪形骸让人耳目一新，所以在当时颠倒众生。但是一旦当他的行为越过底线，社会就不能再视为游戏，公众与法庭齐力把这个当时最被喝彩最被妒忌的“异数”送进监狱，断送其一生。

即使到了今天，人们评价王尔德，还是关注于他的才华、梦想，以及唯美主义倾向，大多都认为法律应该对天才宽容。但是，我一直在想，天才就有权利豁免于法律？或者，问题更在于谁有权利审判？席勒曾经说过：“美是有益的，但还没有超越人。”天才亦然。王尔德的才华是有目共睹的，但是他的意义更在于作为一个同性恋者，一个背离主流社会价值取向的异端。正如杰生·埃普斯坦说，王尔德的意义更在于一个预言家，他代表了一个现代的来临。

蒙田说过：“最勇敢者往往是最不幸者。成仁比成功更值得羡慕。”王尔德的申辩，代表的与其说是天才人物的不羁，倒不如说是为了无数同性者而申辩，甚至放在大历史的背景下，代表了一种人类千百年来对异端审判的控诉。也许，这样才可以真正理解王尔德所代表的现代意义。

异端是什么？《圣经》中说“自己定自己罪”就是异端。异端不迷信上帝，怀疑一切。异端代表了不见容于他所处的时代的思想，甚至是往往超越那个时代的。大多数社会心理学家都认为，人性中有一种渴望，那就是把所有人所有事都纳入既定轨道，这样的整齐划一让他们感到满足，加上人类固有的畏惧责任带来的逃避自由的天性，因此有人借着宗教、法律、体制的力量来贯彻这种信念的时候，他们会自愿追随，甘受驱使，其中，因有人敢于提出怀疑而带来颠覆性变化时，出于恐惧与不安全感，他们会疯狂地镇压异端——这是所有极权主义的起源之一。

欧洲中世纪，当虔诚的天主教徒蒙田面对宗教异端的惩罚，不禁发问说：“仅因为这个人提出某种猜测就把他活活烧死，让人为此付出的代价太高了吧。”事实上，正如加尔文时期卑微的卡斯特利奥在驳斥加尔文而作的《答加尔文书》所言：“把一个人活活烧死不是保卫一个教义，而是屠杀一个人。我们不应用火烧别人来证明我们自己的信仰，只应为了我们的信仰随时准备被烧死。”杀死一个人，仅仅是在犯罪，如此而已。处死异端的人类必然同时失去怀疑精神，只能走向犬儒与奴役；就会在这片井然有序中默然走向没落，文明将陷入如同核弹爆炸后的死寂荒芜之中。

哲学家都喜欢说哲学就是哲学史，因为哲学的演进过程必然就是一个斗争与思考的历史。那么更为浩大的思想史呢？人类思想史往往是由异端推动的，昨日的异端往往变成今日的真理，并非历史的偶然而是历史的必然。历史只是编年史，它只是记载所谓英雄人物的伟大成就甚至失败，而淹没在这些宏大的叙事史诗之外的，是无数“沉默的大多数”，当其中极其个别的以异端形象出现的时刻，实际也正是历史转折的时刻。

2000 多年前，在罗马广场上面对 500 多位仲裁者，一位老人这样感叹：“他们的确是在没有对手的情况下打赢了这场官司，因为根本无人替我申辩。”引起这场官司仅仅是他“拥有过人的智慧”，想通过怀疑与辩论来改进他的城邦。所以王尔德也许是幸运的，因为他的天才与魅力，所以当时他可以在公众空间陈诉自己的思想——尽管是一群有很大偏见的听众；直到今天我们还深深追忆他的往事，但是可以想见，当年由于同性恋而默无声息死去的人何止一两个？直到今天，无数寂寂无闻的“王尔德”的啜泣与痛苦又有谁来聆听？

房龙曾说：“只要这个世界还被恐怖所笼罩，谈论黄金时代，谈论现代化和发展，完全是浪费时间。……只要不宽容是我们的自我保护法则中必不可少的一部分，要求宽容简直是犯罪。”更伟大的扎米亚金这样谈道：“科学、宗教、社会生活、艺术中的教条化，这就是思想的熵。而异端是医治熵的唯一苦口良药。”所以，给异端宽容空间就是给我们自己进步的台阶，而让异端有申辩的权利，则是一个民主社会的底线。否则，我们中的每个人，都将有可能面临暴力与偏执审判，甚至可能如卡夫卡小说中的那样，在某一天早上醒来，两个陌生人闯进我们的房子无须审判就对我们说：“你有罪。”

遭遇 1984

奥威尔，农舍中的奥威尔。

这本来就是一个分裂而矛盾的人：早年是坚定的社会主义者，最终却以写反对苏联的集权制度的作品留名；曾经是最好的贵族中学毕业生，却在偏僻的朱罗岛终老；一度做过英国政府的间谍，却一生厌恶英国政府对殖民地的态度……正如他所说，任何生命从内部审视都只不过是一系列的失败。那么，走进黑暗的极端，承认失败反而是一种光明的生活态度。

写作对于奥威尔来说是生命中最为重要的部分，他自有他的“calling”。患有肺病的他常常是一边咯血，一边写作。尼采在《苏鲁支语录》中说过的：凡一切已经写下的，我只爱其人用其血写下的；用血写，然后你将体会到，血便是精义。用血写下的，未必正确；而用头脑思想出的，必然是永恒。奥威尔一生最为人所知的是《1984》与《动物庄园》两部小说，因为主题的绝望，让人觉得他是一个对世界期许最少的人。其实这两本书是一个母题的两面而已，不同的仅仅是语言风格：《1984》貌似比较沉重，《动物庄园》貌似比较轻松。举重若轻与举轻若重之间，都是深邃的。

卡尔维诺将经典作品定义为：“那些你经常听人家说‘我正在重读……’而不是‘我正在读……的书。”这是否也意味着，对于《1984》，每一次阅读都是一次新的探险，都有新的风景，抑或还是由于我们已经不能再踏进同一条河流？至少，不那么轻松，整个阅读也成为一种冒险的穿越——穿越集权主义由话语系统构筑的人与人彼此隔绝的社会；穿越人类命运的重重阴云与遮蔽；穿越理性的伟大与自负……大概，《1984》是一道我们需要悉心抚慰的“伤口”，但是越试图抚慰，却越无法逃避虚空，越感到彻底的越无法痊愈，伤口也更加妖艳眩目起来……《1984》是道隘口，无计可回避。

伟大的思想家马克思强调改变世界，而著名语言学家马拉美则强调改变语言。两者在某种程度上有着惊人的一致。语言作为思想的载体，是主体存在的表现。当没有从语言上完成对思想真正意义上的启蒙时，那代价必然是流血的逻辑成立，这样的例子实在是不堪累诉。乔治奥威尔洞察了语言与政治的天然联系，在20世纪40年代的论文《政治与英语》中谈论政治写作是最烂的文字，充满了“僵死的比喻、花里胡哨、给词语安装假肢、装腔作势的用词、不知所云的文字”，“语言退化”的本质是思想的堕落与理性的麻木。

在《1984》中，奥威尔的讽刺更为露骨，书中有一群专门编写《新语词典》的人，他们的最终目的不是创造新词而是消灭旧词。有大批御用学者夜以继日地编写《新语词典》。附录中关于新语的解释不厌其烦地详尽说明，目的就是表明集权主义是如何对语言体系进行控制的，当人们使用的语言只有新语的时候，思想上的出轨变为不可能。当词语仅仅是那些统治者“布施”的时候，“历史是不断擦写的羊皮”这句话绝不是危言耸听。

奥威尔曾经说过，在他那个时代，作为一个有良知的作家，不可能去逃避这种题材。“我在1936年以后写的每一篇严肃的作品都是直接或间接地反对集权主义和拥护民主社会主义的，当然是根据我所理解的民主社会主义。在我们那个年代里，认为你能避免写这种题材，在我看来几乎是胡说八道。……我坐下来写一本书的时候，我并没有对自己说：‘我要生产一部艺术作品。’我所以写一本书，是因为我认为有一些事情要揭露，有一个事实要引起大家的注意。”——所以他选择写下了《1984》。

《1984》未必是一本人人认可的小说，它也受到很多指责。其中，米兰昆德拉的指责也许最为严厉：奥威尔“把生活缩减为政治，把政治缩减为宣传”，《1984》是“一本几十年中作为反专制主义专业人员的长期参考书”。但荒诞的是，昆德拉认为小说是幽默的艺术，其小说很多时候正是作为反对专制作品而被解读的。也许，潜意识中为了表明彼此的不同，言辞才如此激烈吧。

《1984》的另一题目是“欧洲最后一个人”，奥威尔通过温斯顿的死亡表现了他自己对人类的绝望，一切对于人类的悲观莫过于此。可以说，人类文明的传承与开拓都是先知先觉者的作用，可惜在历史进程中他们的境遇犹如宿命般地被规定为异端的角色。——你无法要求民众都有这样的深刻认识与洞察力，他们能够给予最多的恐怕只能是宽容，但是这点似乎也很难很难。苏格拉底是被通过民主式投票表决处死的；耶稣是被犹太人出卖给罗马总督的；烧死布鲁诺的同样还是人群……这些"异端"拆下自己的肋骨当作火把，试图点亮灰暗的历史与文明的漫漫前路。他们能带领我们走出这片黑森林吗？也许，一直不是没有人愿做殉道者，只是可悲地选错了祭坛，酿成了更大的恐慌。差不多一个世纪前，扎米亚金忧郁地预言"科学、宗教、社会生活、艺术中的教条化，这就是思想的熵。而异端是医治熵的唯一苦口良药"。霍金定义物理上的"熵"是测量一个系统的无序的程度，而常识告诉我们，如果不进行适当的外部干涉，事物总是倾向于增加它的无序度。所以，一个"异端"没有生存空间的时代注定是可悲的，而没有异端的时代是彻底堕落的——届时，我们已经死于自己的熵。坚持这仅仅是一本政治小说的人，是该适时反思了，这是对奥威尔最大的轻视与误读。

不独人类有异端，神也有异端。

“老实说，我憎恨所有所有的神。”当被缚的普罗米修斯如此睥睨天庭时，与其说哲学诞生了不如说是真正意义上的“人”诞生了——没有独立意志的人只是生物，匍匐于众神脚下。这个天神界的异端，用他的智慧与怜悯为人类赢得了一个与神平等对话的奇迹。当茴香杆伸向阿波罗的战车时，神的意志不再是宇宙的唯一，乾坤的法则。

这显然也是一贯被看作一个隐喻。火和伊甸园的苹果一样都是对理性的比拟。不过，前者显然比后者开放点，至少不会被看成是一种罪恶。从此，人类不再向往《七封印》中献祭羔羊的荣耀，而走进无神的沙漠，可惜他们也没有变成怀疑者的托马斯。神转身之后，种族记忆中的宗教饥渴让刚走出黑暗的人类又开始了“造神”运动。

陀思妥耶夫斯基曾说：“理性是好东西没错，但是只能告诉你所知道的东西，理性满足人的理智能力，意愿是整个生活的表现。”无论是作为工具使用的理性还是作为价值判断的理性都只能作为生活的一个方面，而不是能够作为终极价值的预先设计。

艾柯说过当人们停止信上帝的时候，不是说他们什么都不信了，而是说他们什么都信。生命的本质如此，必然一次又一次固执地拒斥虚无。

考察评价奥威尔的成就应该在更宏观的视角与更广阔的背景下进行。在人类几千年未曾遭遇如此之大变局的世纪大环境下，一个思考人类命运的知识贵族是无法走向书斋，不理睬历史的躁动与回声的。福山无限感叹地说 20 世纪足以让所有人都变成历史的深沉悲观主义者。人类的理性解放之后第一件大事就是杀死上帝，人民用民主购买了独裁，用自由兑换了责任，奥斯维辛之后诗不存在，文明是否真的衰亡？人类是否真的在精神上死去？历史是否将走向终结？……理性的泛滥带来了理性也无法抑制的问号与悲观。鲍曼在考察了两次世界大战之后最终疑惑地说出："似乎上帝想毁灭一个人的时候，不是让他发疯，而是让他更有理性。"

可以说，《1984》在反讽了人类精英以无限气概建筑的乌托邦的背后，是奥威尔对人类命运的深邃思考，是对致命自负的深刻反思。当认为历史是仅仅凭人的理性可以设计的时候，封闭社会的形成自然有了逻辑上的支持。纵观20世纪最为突出的知识论，最关键的提升就是对于理性的有限性的彻底认识，不过这种认识也建立在不菲的代价上。把理性无限提升，恰恰是最最不理性的一种态度，把任何东西当作图腾都是愚昧的取向。

认识到理性的有限性，正是最为理性的方法。普鲁斯特曾指斥说学术或者理性，享受着不配享受的辉煌，其实这个冠冕应该被摘下来。人类存在的智慧在这种貌似悖论的语境中闪烁——沉沦到虚无的底层，是宿命也是抗争。

理性是把人与动物区分开来，而感情是把人与人区分开来。在《1984》中温斯顿的觉醒起源于一个玻璃镇纸，这美感的触动使最初的人性意识得到唤醒，在冰冷的集体意识之外还有一片最晶莹的琉璃世界。而最终使他选择走向对立的则是最为原始的爱欲，在理性的世界爆发了最革命的激情，绝望而彻底，是自然的生命力。在理性之外还有更高更伟大的存在，正如世界之巅是高山，地球之外还有浩渺的星空。它们的存在，也许是为了让我们在自认为伟大之时觉察自己的渺小。

纳博科夫强调我们最好重读一本书，而不能只读一本书。所以无论是对奥威尔还是昆德拉，诉诸哪一种固定的模式都是一种无可避免的媚俗。媚俗是将外界强加的概念吸收作用于自身，从被媚到自媚，最终媚人。对于作品的解读，无论来源于大众传播媒介的引领还是主流意识形态的暗示抑或文化精英的注释都是无比苍白可鄙的，虽然不受影响是不可能的，但在自我意识充分自觉的今天，我们应该自己走近经典，做出自己的思考，而不是把自己的头脑作为别人话语的跑马场和嘈杂的聚会。

信仰的黑暗时代

2015年1月7日，一伙武装分子闯入法国讽刺漫画杂志《查理周刊》位于巴黎的总部进行袭击，造成12人死亡，该周刊曾刊登过讽刺伊斯兰教先知的漫画当时就遭到了穆斯林团体抗议。这一遇袭事件令世界震惊，也引起部分人的激烈讨论。“言论自由第一”和“宗教信仰第一”孰先孰后的争论占据舆论场的主流。

这种二选一式的绝对化争论不足以引导向真理，其本质是一种简单思维。此时此地，重读奈保尔（V. S. Naipaul）有其意义。《信徒的国度》源自奈保尔在20世纪70年代对于伊斯兰世界的一次游历感想，本质上更是对于伊斯兰世界的一次历史回顾与现状反思。

比起奈保尔的代表作“印度三部曲”，《信徒的国度》在国内反响相对低调。多数评论似乎对于奈保尔的印度裔身份念念不忘，这或许源于中印作为东方文明古国与后发国家的共同特色，人们总是试图从他对待印度的评价中，找到我们对于中国在世界位置的定位。按照奈保尔的背景，如果选择后殖民之类方式，大概既讨巧又舒服，但是他的文学道路，一开始就基于所推崇的普世价值，其价值判断与此紧密相联，这也导致他的批判不留情面，无论对于很多人认为的他的母国印度还是伊斯兰世界抑或非洲，这导致他冒犯了很多人，甚至萨义德之类批判他的著作“有点白痴和侮辱性的理论”。

不过公允地说，奈保尔和一般刻板印象中的印度裔并不完全相符，他是第三代移民，成长环境是英语环境，其父已经对文学尤其是英国文学表现出极大兴趣；虽然出生于大英帝国的边缘殖民地，奈保尔所受教育还算得上是英联邦较好的教育，他 18 岁就获奖学金并且赴英国牛津大学留学，毕业后在伦敦结婚后开始其写作生涯，为 BBC 等国际媒体撰稿，最终在 2001 年获得诺贝尔文学奖。

回到《信徒的国度》，奈保尔在 20 世纪 70 年代末期花了 7

个月时间，游历伊朗、巴基斯坦、马来西亚、印度尼西亚等国，其间接触到不同阶层的人，从名流政要到乡间路人。他不仅描绘出这些国家在世俗社会与宗教信仰国家之间的挣扎与反复，更在思考不同文明世界的互动问题，宗教与物质如何并存，先知是否告诉了人民一切，人类文明如何延续？

奈保尔出身于印度教家庭，但他并无明确的宗教信仰。行文之间，他冷静地甚至不乏诗意地描述伊斯兰世界各种信仰重建的努力。伊斯兰教作为世界性宗教，几乎界定了社会生活的方方面面，奈保尔认为这与欧洲基督教与家庭生活关系有所不同。“信徒的国家”问题也在于，当旧有宗教信念被灌输到社会形态之中，甚至将国家镶嵌到宗教之中，那么很多问题就从此产生——但在这样的国家，“信仰的规定多如牛毛”的同时却存在“政治上却毫无限制”。纵然各种社会问题丛生，但宗教成为政客的手段与护身符，所有问题往往被很多人归结为信仰不够坚定，于是就变为无休止的回归和正信，贫穷、不公等问题也被化身为宗教问题而激发社会矛盾。即使出自同一教会，因为理解经典不同而分裂成不同教派，彼此之间争论不休。例如巴基斯坦当时刚从印度作为伊斯兰国家独立出来，奈保尔在巴基斯坦遇到一位女性穆斯林教徒，教育出众而且信仰坚定，但是这位女性却无奈地告诉奈保尔，国家法律刚刚规定自己不是穆斯林，就因为她属于艾哈迈迪耶教徒。

另一方面，世界在变化，旧世界的传统如何延续？“信徒的国度里，先知可以摆平一切，可是如今，先知已经不在了”。信徒的国家在感受到强大文明的同时，焦虑以及困惑并存，这就导致了一边排斥一边依赖的畸形困境。典型的如 20 世纪 70 年代流行过的一本伊朗小说《外国人》的描述，这是一本女性作者所写的小说，讲述一位伊朗女性，在美国接受高等教育之后工作，家庭事业在，但偶尔一次回乡，随后的一次小病，这期间的种种经历使得她最终决定放弃美国的一切留在伊朗，在弃绝中得到静谧，“即将弃绝过去焦虑而充满肤浅的工作，以及她作为一个知识分子的身份。……她回去参拜清真寺，时时敬谒圣地，她会裹上黑色的四角头巾”。——甚至她的病，起因只是一个溃疡，也被认为是一种“西方病”。

奈保尔一边指责这个故事回避政治，但在纯真烟雾之下“充斥着女性遭受的暴行、无助与挫败”，一边指出这种“弃绝”的不彻底与荒谬，例如生病仍旧依赖美国医疗器具以及先进的医疗技术，却否认其价值称之为“精神荒原”。“这般一厢情愿的期待——期待别人去赓续创造，期待那些外国人，意即他们所代表的文明，现代社会运作不可或缺的文明，赓续运作下去——隐含在弃绝尘俗的行为中，也是弃绝尘俗的一大痛处。”

阅读奈保尔的过程，是一个不断受到挑战的过程，从智力到经验皆是。这也在于他穿梭于不同世界，却秉承同样水准的洞察力，不会为炫目把戏以及新鲜名词所遮蔽，其深邃的洞察力令人佩服。《信徒的国度》基于20世纪70年代末期的旅行，其时伊斯兰世界革命正盛，但是奈保尔的观察与断言却窥破其局限与缺憾，超越时代，直到今天也为他的先见之明所佩服。

或许正是基于思维的深度，正如他自己所言：“这个作家的看法是以什么为基础？他了解哪些别的世界，他把哪些经历带进他的观察方式之中？一个作家要是仅仅只了解这个世界，那他怎么去写这个世界？”按照这个标准，我常常觉得很惭愧。一方面过去奈保尔受到很多追捧的时候，我反而错过，最近才陆续在读，且非常喜欢，智识的自信与机智毫不掩饰，国内现在最好的写手也不过是对其进行三流的模仿。

奈保尔杯酒人生

一切都偏离了正轨。世界应该停止，可它却在继续。

——《半生》

V.S. 奈保尔（V.S.Naipaul）近年名声走高，尤其是他的非虚构作品。即使不少中产阶级新贵，也能随口列举其“印度三部曲”云云，这倒也是反衬出一个事实，国内无论普通民众还是“智识阶层”，似乎对于非虚构写作热爱大于虚构小说。

细究起来，这种偏好背后的社会化心理学其实颇为有趣，最早奈保尔的粉丝是喜欢《米格尔大街》之类的文艺青年，如今则有些变化。非虚构已经成为不少文化圈子的文化标签以及热门图腾，抑或越是变动浮华的时代，人性反而愈加趋向于“求真”？不过我个人对于小说的分别看得不是那么分明，对于我来说，只有好和不好的作品，而不存在真实和虚构的区别。凡是好的作品，即使是小说，也一定是传神临摹了上帝创造的世界，而并非虚构，即使写作者力图写实，也难免受限于自己的观察力与表现力。

换而言之，大师自然明白什么是真正的生活，虚构的真实比起非虚构更真实，重要的是感受和观察，而不是写作意愿——就像美国作家苏珊·桑塔格，她写过很多重要的文化批评（这算是非虚构），她在她唯一写过的剧本《床上的爱丽丝》中，就大胆宣称“真实发生的事情没有一样具有丝毫的重要性”。

从这个意义来审视奈保尔的小说，在非虚构的狂热之下，或许存在被忽视甚至低估的可能。作为一个叛逆而挑剔的读者，我对于奈保尔作品的阅读，开始于 2014 年。此前因为很多文艺青年对于他的非虚构的狂热，使我却步，不过 2014 年上海书展之后，在读者觉得犀利的奈保尔老了之际，我开始阅读奈保尔，结果非常喜欢。读了《我们的普世文明》《信徒的国度》之类非虚构作品之后，我开始阅读他的小说，并觉得此类作品不比虚构的作品差。

例如他的《半生》篇幅不长，可以视为一本小书，有人说《半生》像一部小说的上半部，技巧不算成功，我觉得这种写作上的戛然而止其实也算一种创新。这种感觉就像长长的午睡过后，怔忪间发现时间已经过去许多，过去的时光怅然如已经冰凉的下午茶，即使如何迷失，一切还得继续，如书中台词，“一切都偏离了正轨。世界应该停止，可它却在继续”。

《半生》出版那年，也是奈保尔获得诺贝尔文学奖的那一年。而《半生》虽然篇幅不多，视角却不断变化，从古印度到现在的印度再到英国再到非洲再到德国，几乎囊括 V.S. 奈保尔写作的大部分主题：种姓差异、阶级归属、男女性事、身份认同……在我看来，就是在一个变动的世界中，一个无根的人在漂泊中失去自我又寻找自我又失去的反复故事，这不仅是奈保尔作品的母题，也是奈保尔人生的写照。

人生和写作在奈保尔的生命中合二为一，他的身份是英国作家，1932 年生于特立尼达岛上的印度裔家庭，1950 年进入牛津大学，随后开始写作，他游历世界，同时也获得无数的世界性荣誉。

对应着《半生》，近乎以一个蒙太奇的手法闪现男主角漫长半生中的浮光掠影：作为一个婆罗门与贱民之子，男主角威利从小在这个世界上没有真正属于自己的位置，而父亲对于母亲的轻视让他仇恨父亲。为了让这个孩子远离自己，父亲利用各种关系让威利来到伦敦，结果威利来了伦敦之后才意识到父亲的难处，这个世界他看不懂，甚至连印度也变得看不清，他在伦敦的生活充满了疏离与迷失。在伦敦他开始了性与写作，最终惶惶然地跟着一个葡萄牙人与非洲混血女孩来到非洲，非理性的非洲对于威利始终隔阂神秘，混血殖民者的生活如同悬在半空，夹在葡萄牙人与非洲人之间。威利在欺骗与性中怅然若失，18 年后终于离开非洲，离开妻子，已经 41 岁的他历经磨难，此时显得如此苍老、虚弱。

威利的一生，充斥着躲避，童年时躲避家庭中的紧张关系，青年时躲避陌生的世界，而快到中年时又逃离出妻子的生活中，通过婚外情来躲避自我与妻子……在躲避中，最好的时光已经过去，倒是令人想到中国古人的一句诗“半生踪迹任浮沉”。这是一个看似极端的人生，其中不少片断，是每个普通人都或许经历过的，就像另一位文学大师J . M .库切的评价，“奈保尔是英语文学大师，《半生》的文字干净冷酷，犹如一把匕首，留给读者的不是笑料，而是悲凉”。

威利的人生如同浮萍，他依赖每一个能够依赖的人，所有选择无非是没有选择的选择，从去英国再到离开英国，他因为世界的疏离而逃避，又因为逃避而加剧内心的疏离，“如果你不习惯依赖政府、法律、社会甚或历史，那么你当然只能相信运气或星座，不然你就只有去死”。

《半生》故事动人，但是和奈保尔多数作品一样，其文本深深充斥着能量，高密度的智识外溢以及超水平的文艺细节，这些都构成阅读的刺激与惊喜，这本来也就是小说比非虚构更为迷人的原因，故事重要，但是并不唯一，这是一个开放的想象通道，尘世真实在这里毫无价值，这里有更为接近真理的真实。

在逐渐了解奈保尔的作品以及生平之后，我在不同作品中可以逐渐发现奈保尔自身的诸多真实痕迹，诸多虚构情节隐秘地对照着他真真假假的个人往事，比如威利在伦敦的孤独遭遇在奈保尔作品中闪现多次，而威利在非洲的浪荡游冶，也令人想到奈保尔的招妓偏好以及他那位没有结婚的情人。真假与否，非虚构与否，都不再是自传还是小说的判断表现，一切显得全书开头的“本书虚构”的免责申明有恶搞性质。

恶毒一向是奈保尔的风格，这里的恶毒是一个作家对于洞悉世事后能够得到的最高赞誉之一，而好作家往往都有自己的一套哲学，这套哲学不必讲真与善，却必须有美与力。《半生》也是如此。开篇就是威利的中间名“萨默赛特”受到同学嘲笑，他问父亲为什么，父亲却郁郁回答这是英国大作家毛姆的名字，从而引出毛姆来访的往事。有趣的对照是，奈保尔自身的名字也有来历，在他的传记中我们得知来由。20 世纪 30 年代的中美洲，一个家境贫寒的婆罗门男子爱上了一个 16 岁女孩，求爱成功之后他们成婚，后来他们的儿子出生了，全名为维迪亚达·苏拉吉帕拉萨德·奈保尔（Vdiadhar Surajparashad Naipaul），这是一个昌德拉国王的名字，意为“智慧的施予者”。“远在 11 世纪初，维迪亚达国王与伽色尼的马哈茂德交战，后者以入侵印度而臭名昭著。对于这个男孩，这是一个恰当的名字。”V.S.奈保尔自己如此回答：“这个名字气度超凡，非常特别——我为了这个原因而珍视它。我觉得我要做大事。”

奈保尔如何成为奈保尔

我们谈论 V.S. 奈保尔总是不得要领。

不是对于他的印度裔身份过于在意而反复谈及，就是对于他的私人生活一边窥探一边批判。以至于作为上海 2014 年书展嘉宾出席时，奈保尔来访本应该成为一场文学盛事，结果多是充斥八卦格调，除了装点“人人都爱奈保尔”之类惯有气氛，就是各种对于细枝末节，如他的年龄他的妻子他的生日宴的夸张兴趣，最后，对他的衰老以及疲态，又不失势利地表示一点失望批判。

读奈保尔，难道仅仅就是为了消费 2001 年诺贝尔文学奖这一名词？我天生反骨，在奈保尔在中国非虚构圈子里受到追捧的时候一直避而远之，反而在上海书展之后，很多人肆无忌惮谈论其风采不再之后，我开始阅读他的著作，从此感叹错过奈保尔多年。他的著作，对于思考者还是写作者，其实都大有裨益。可以毫不客气地说，国内最好的写作者，目前也最多是对于奈保尔的二三流模仿。

奈保尔并不好读，除了“印度三部曲”之类非虚构系列闻名于世之外，他的小说其实不那么容易进入。因此，理解奈保尔的文学世界的捷径并非各类评论，而是他相对直白简单直抒胸臆的一些文章，杂文集《我们的普世文明》值得推荐。这本书也许不是典型的奈保尔式的大部头经典，但却是理解奈保尔不可或缺的背景注脚。

众所周知，奈保尔登入文学世界是从二十世纪五六十年代的编外撰稿人开始的。当时他通过世界旅行来为伦敦媒体撰写一些评论。奈保尔在自序中如此回忆这段经历，“要写就写关于‘异域’的文章，既可以采取理想的方式，也可以采取轻松的方式。轻松的方式（编辑们偏爱这种方式，因为那也是他们熟知的）……如果你富有这方面的才华，两天之内你就能交出睿智而又迷人的稿子。但我想象不出，你从中获得了怎样的知识和经验”。

奈保尔之所以作为奈保尔，就在于采取不那么轻松却应该的方式，非常辛苦甚至令人身心疲惫。这一方式因为当时的环境、他的年轻而成为可能，成果之一是这本杂文集，更多则沉淀为他日后虚构与非虚构的作品素材和蓝图。甚至可以说，这些文章是奈保尔的成长记录，其中一部分塑造成就了奈保尔这个人，并且还成为他写作的源泉。即使这些文章不是他的最佳作品，奈保尔也觉得这些文章对自己非常重要，称之为“它们哺育了我”。也正因此，这些文章为我们理解奈保尔作品以及思想体系提供了方便之门。

这本书时间跨度 40 年，地理也从奈保尔的出生地横跨印度以及美国等地，但贯穿其中不变的是奈保尔的观察与思考，这些不同地理时间上的点最终连接成一条线，这是奈保尔在从边缘到主流的人生感悟，也是他对于纷繁世界与文明心态的价值根基，那就是普世文明的存在与价值。

奈保尔曾经如此说，“如果我必须对普世文明做出描述，我会说，普世文明既能促使人去以文学为志业，也能提供关于文学志业的理念；同时它还提供了去实现这种志业的途径；这样的文明促使我踏上了从边缘到中心的旅程”。事实上，所谓普世文明，意味着追求幸福的观念，很大程度其根基植根于西方文明的关于责任、权利、个体、智识等定义之中。而奈保尔一生所描述讥讽最深的，则是普世文明的对立面，混乱又简单。这些世界一边依赖于普世文明的进步与成果，一边却排斥这种文明，表现出一种“哲学上的歇斯底里”，奈保尔发问：“为什么有些社会或组织在满足于享受进步果实的同时，又倾向于蔑视推动进步的种种条件？他们用什么样的信念体系来对抗进步？”

奈保尔以他的智性与见识，刺穿了很多虚伪的希望与假象，这些评价也许让人不够愉快，甚至显得不那么包容，但这就是奈保尔，你可以说他的理念是保守主义，但是在矫饰的相对主义横行之下，坚定的保守主义具有文明的指南针意义。

回看印度，这一身份对于奈保尔来说到底意味着什么呢？评论家觉得很重要，甚至将母国游子之类刻板感情模式带入分析，我认为这属于过度解读甚至误读。对出生在小岛特立尼达的奈保尔，他一生都在经历多种边缘身份的重叠，他将自己称为一种“双重意义上的之殖民地人”。他在大英帝国的边缘成长，一直期待成为大都会人，印度并没有给予他这样的机会，唯有普世文明之下才有机会，奈保尔曾经期待在印度遇到大都会的风范，但不到六个月的时间，奈保尔经历了从沉醉到逃离到熟悉再到疏离的复杂过程。

简单往往缺乏说服力。一个国家从封闭走向开放，从绝望走向机遇，如何看待这一转变，其实在很多时候取决于我们的立场而非事实本身。

简单的毁誉之外，奈保尔则表达复杂的深邃，好作家天性之一在于建构与解构，人们总对奈保尔说印度非此非彼，但奈保尔却洞察印度广阔之下的单调。他将印度比作一种疼痛，“我期望遇见大度、根性与自信，但找到的却是种种自我怀疑的殖民地心态”。

奈保尔如何看待这个世界

每当觉得自己过于刻薄之际，我就会用奈保尔作为安慰，毕竟谁刻薄也刻薄不过奈保尔。

奈保尔的刻薄，甚至被认为到了恶毒的程度，即使同行也不例外，《看，这个世界》的译者也看不过去，读书笔记也忍不住吐了句槽“就是不厚道的奈保尔”。

如何不厚道法？姑且不说他看不上边远地区的写作者的某些花招，比如来自特立尼达的同乡诗人沃尔科特，即使后者已经以诗歌获得诺贝尔文学奖，奈保尔还是不客气地指出其书写中的空洞，“他赞美空虚，予其一种知性内涵，他给他们的不快乐以一丝种族意味，从而更便于处理”。更不用说他对在海外引发一定反响却无力揭示印度本质的印度英语作家的质问：“这种写作只是老式的印度式自吹自擂吗？……在更大程度上，它们应该属于英美出版文化吗？”

即使对于文学中心甚至跻身大师神殿的福楼拜，奈保尔仍旧犀利。他认可《包法利夫人》中经得起推敲的细节之美，却对福楼拜另一本著作《萨郎波》大加鞭挞：“五年后发表《萨朗波》的福楼拜似乎是另外一位作家。”“在这本长篇小说超过一半的篇幅中，这一线索跟那场可怕的战争平行进行，是福楼拜无中生有写出来的……表现得做作……更像是看到一位作家被禁锢在一种借来的形式中——舞台剧，歌剧——看到别人怎么做，他也怎么做。”

这些话看起来很恶毒，甚至有评论认为是奈保尔江郎才尽对别人攻击。其实我觉得这些评论绝不轻佻，换而言之，奈保尔的评论固然批判居多，且点评打在痛处，并无私人恩怨，甚至略过私人情感的牵扯去谈论写作，比如谈论他的父亲的写作时其实情感是颇为克制的，而最为典型的就是他对于英国小说家安东尼·鲍威尔的评价。

奈保尔和安东尼·鲍威尔可谓相逢于微时，当时作为移民作家的奈保尔 25 岁，已经安于英国社会中上阶层的鲍威尔 52 岁。安东尼·鲍威尔从作品到生活都充满英国式教养，因描述英国生活尤其乡间风俗甚至有英国普鲁斯特之称，算得上对年轻的奈保尔有温情与礼遇。即使奈保尔也不得不承认，这是一种垂青，时隔多年仍亲切称呼他为托尼，“出于我没能明白的什么原因——我们之间千差万别——他待我以友谊”。相逢之时，奈保尔觉得鲍威尔睿智，两人也交谈颇多，6 年之后鲍威尔去世，奈保尔始终也觉得这份友谊珍贵，但是等他为了要写纪念文章而开始阅读鲍威尔，突然觉得其写作完全没有叙事技巧，而且有奇怪的自负，他不得不感叹：“友谊能够持续如此之久，也许就是因为我不曾细读过他的作品。”

这真是悲哀，因为朋友的去世而去了解朋友的作品，最后却又不得不断言幸好没有早读。奈保尔因此没有写关于鲍威尔的纪念文章，因此也被人说他“亵渎了友谊”，这些多少也构成奈保尔为人恶毒的一种证据。不过在阅读奈保尔对于鲍威尔写作的评论中，可以看到奈保尔尝试给予理解，但最终却不得不直面自己的审美标准，鲍威尔确实不是他能够看得上的作家。既然如此，如何悼念呢？要么不真诚地写篇客套文章，要么写一篇恶毒文章甚至借机彰显自己，要么隐晦地什么都不写，奈保尔在当年选择了最后一种，我觉得这已经属于给鲍威尔的温情——毕竟在艺术这样的审判席上，天分和才华是最为重要的，教养、勤奋等因素是次要的。

更重要的是，鲍威尔一生待人友善，奈保尔尚且感念温情，但在一个真实的世界，降阶交友过多过广，自然也招致无由之辱，奈保尔也亲眼看到一个鲍威尔的朋友对奈保尔说，“托尼·鲍威尔，平庸的完美”。即使鲍威尔有生之年，已经有人选择通过看似中立的毒舌评价贬损鲍威尔来借机张名，比如伊夫林·沃的儿子布罗就曾针对鲍威尔的新书发表一篇侮辱性文章，尽管和鲍威尔的那本新书以及新书的文中无关——更为讽刺的是，这篇书评发表在鲍威尔作为撰稿人多年的《星期日电讯报》，他甚至还把撰写书评的活介绍给奈保尔。

对于这些攻击，鲍威尔受伤很深，但是还是以英国式的教养对待，甚至大度解释布罗攻击他是因为和其父亲伊夫林关系不好，布罗则继续放话伊夫林从未把鲍威尔当作朋友——奈保尔评价布罗的文章“极不公平”，我甚至理解他对于鲍威尔也有隐含的愤怒，如果需要有人说出鲍威尔的平庸，大概也应该由珍视鲍威尔友谊的奈保尔来做，而不应该由“拿腔作调”之人来做。

比起这些真假朋友的对待，我觉得奈保尔的叙述对于鲍威尔的作品评价虽然不高，但对鲍威尔的友谊其实不乏温情，即使他犀利嘲讽指出鲍威尔的局限，其中未尝不带有某种惋惜，或许他认为这种匕首式的嘲讽由朋友给予总好过陌生人给予，“我感觉这个人，我的朋友，也许写了书，也许过的是文字生活，却不是他想成为的作家”。文字总是充满陷阱，但也在揭示真相，奈保尔关于鲍威尔这章，也许其中不乏对于有人批评他亵渎鲍威尔有意地自我辩解，但他开篇所谈写“下笔不易”并非虚言。

《看，这个世界》出版于2007年，出版于《我们的普世文明》（The Writerand the World）的五年之后，此时奈保尔已过古稀之年，功成名就，不仅不写虚构小说了，连非虚构的游记也很少写了。这可以理解为一本作家对于自己文学理解的梳理的书，它不是一本文学评论或者书评散文，其中更多谈论理解方式，或者说，对于世界的洞察力，“我只希望以个人的方式，列出我在自己的职业生涯中接触过的写作，我说写作，但更确切地说，指的是洞察力，一种观察和感觉的方式”。——本书副标题是“Ways of Looking and Feeling”，我认为可以翻译为“观察的方式”。奈保尔并不是存心和格林、鲍威尔、福楼拜等人过不去，但这些人确实提供了某种模板，即在他们那个世界看待世界的方式，但是这种方式存在各种不同的局限，“他以为自己的世界是唯一重要的世界……福楼拜以为19世纪法国复杂而纠缠的历史最重要，大家都了解……俄国人（除了屠格涅夫）和马克吐·温总是写得清晰。奇怪的是，等到最后尘埃落定，那些写作时似乎自己居于世界中心的人，倒有可能暴露出他们才是土里土气的”。

我喜欢奈保尔，而他对我的启迪确实不止步于写作技巧，而更多的是世界观的拓展。他的刻薄恶毒也可视为一种与众不同的表现，他不是一个依赖叙述而是依赖智力与视野的作家，他了解很多世界，而且洞悉不同世界的局限，难得的是几乎一生都能够处于写作的状态之上。或许另一位诺贝尔文学奖作家帕慕克的说法可以作为注脚之一，“康拉德、纳博科夫、奈保尔——这些作家都因曾设法在语言、文化、国家、大洲甚至文明之间迁移而为人所知。离乡背井助长了他们的想象力，养分的吸取并非通过根部，而是通过无根性”。所谓“无根性”，也就意味着摆脱了某种单一世界的视角，这也意味着有着多种根性，这本身是一种现代性的产物——比起另外两位，奈保尔出生更晚，他的人生也更遭受现代的冲击，他的世界显然也因此更丰满。

我读了奈保尔之后常常思考，如果奈保尔来写这个话题如何写，或者他会如何写中国？这是一个很大的问题，但是我确定地知道奈保尔不会按照我们已经看到的流行方式来写，问题不在于写作本身，而在于洞察力。当下中国，有人耗尽全力能够看到世界一角，然后按照已经读过的小说的方式模仿写下极其表层的认识，要么就是借用看到的材料来填充自己本来已经贫乏的认知。这或许是一种快速的方式，但这不是奈保尔的方式。他是一个年轻时写书评写新闻都会费尽时间的人，或者说，他不屑做敷衍功夫的事，这并不容易，因为我们都面临各种压力。

但归根结底，你可以假装成为一名作家或者什么别的，但是最终却无法假装具有洞察力，正如奈保尔所言，只了解一个地方的写作是“虚假的世界观”。在我看来，他只是一个偶然成为作家而深具洞察力的人，“我这一辈子，经常不得不考虑各种观察方式，以及这些方式如何改变了世界的格局”。

那些电影图书馆的孩子

我不固执，生命对我才固执。

——《绿光》

埃里克·侯麦只是一个艺名。

这两个单词分别来自美国导演埃里克·斯特劳亨（Ericvon Stroheim）以及小说家萨克斯侯麦（Sax Rohmer）。细究起来，我们对于这个来自法国南锡、出身中产、偏好古典的外省男子其实所知甚少，据说他一生的原则之一就是把自己的电影生涯与个人生活严密绝缘——目前看起来，他好像成功了。

时至今日，89岁高龄离去的他被大众冠以新浪潮的“最后一名隐士”之誉，政要名流亦纷纷向他致敬。侯麦的电影生涯发家于巴赞创立的艺术电影杂志《电影手册》，虽然特吕弗曾经称赞侯麦“是我们中最棒的”，但事实上，作为“新浪潮五虎将”的老大哥，比起特吕弗、瓦尔达、戈达尔等同侪早早高调出位跻身典范的新浪潮传奇，侯麦的一生多少显得更为慢热。

1959年，他拍摄了第一部长篇《狮子星座》，众所周知，这部处女长篇票房失利，而几乎同时特吕弗处女作《400击》与戈达尔的《筋疲力尽》则名动巴黎。到了20世纪60年代，他又陆续推出了“道德故事系列”，这6部探索道德困境的影片在左翼年代又遭遇褒贬不一的评价。从此，侯麦开始走上了个人探索之路，逐渐远离了左右之争，超越时代掣肘，就像他曾经总结的：一个人不要怕“不现代”，他应该知道如何与时代倾向对着干。

在人人奋力变革的年代坚守，侯麦的不变在长时间来看也成为一种标杆，这或许与他白羊座的内心骄傲不无关系。在加入《电影手册》撰写电影评论之前，侯麦是一位文学教师，再往前，很可能更像一位纯粹的文学青年，他早在1946年就写出了长篇小说《伊丽莎白》。侯麦的文艺气质甚至从他对电影系列的建构可见一斑，这堪比巴尔扎克式的雄心令人生畏：在“道德故事系列”

之后，他在 80 年代拍摄了“喜剧与箴言”系列，随后则又在 90 年代推出了“四季故事”系列，他的最后一部作品则是《男神与女神的罗曼史》。

今天看来，他的风格亦并不是那么典型意义上的新浪潮，倒是有几分更接近左岸的文学气质，甚至，他的电影可以从容抹去时间。从某种意义来说，伍迪·艾伦无疑在精神上是最接近侯麦的当代导演，无怪乎他在自己的电影里也不断致敬法国人——和大多数大师一样，两人好像都是在异国受到更持久的礼遇。神经质、对白多、知识分子调、低成本，这都是两人电影的特质，但是据说侯麦私下总认为自己没有伍迪·艾伦啰嗦，这大抵或多或少是出于侯麦法国式的保守。

有人说侯麦是情爱动力学大师，亦有人说他一生关注道德主题。听起来不错，但我们必须意识到此间情爱与道德并不等同普通意义的诠释。侯麦曾经特别指出法语中的“moraliste”一词表示对自己的内在有兴趣的人——这类人关心的是自己的想法和感情，他的所作所为和那种成为社会行为准则的“道德”无关。因而，侯麦特别强调的“道德故事”并不是指在故事中有道德内容和道德批判，虽然里面的主角会按照某种道德观念行事，但是他所说的“道德”（moraliste）指的是那些喜欢公开讨论自己的行为、理由和动机的人，他们是口头的行动者，做得少、想得多。

有趣的是，从“道德故事”来看，早期遭遇尴尬主要局限于男性，他们往往遭遇侯麦式的两难：一边是自然，另一边是人性；一边是情欲，另一边是英雄主义的优雅；随着“喜剧与谚语”到后期“四季故事”，侯麦明显更多开始关注女性的生命体验，当《克拉之膝》中的豆蔻少女们独自步入生死中年，如何兼顾内心的纯真成为另一种信仰。

情爱只是开始，一切不过是一种内心探索的方式。正如侯麦所言，他的电影“与其说是行动的电影，毋宁说是思想的电影”。理智与感性，渴望与失落，暧昧与激情，诱惑与欲望，青春与衰老、虚构与真实……在侯麦的40余部电影里，一切看起来并没有那么多极致暴烈的戏剧性元素，但却包容了所有个体难以回避的永恒生存困境。

典型如道德系列的《幕德家的一夜》，作为情欲引子的，却是漫漫一夜和着大雪的帕斯卡尔的神学讨论。正如他的电影台词所言，其实并不存在故事，也不会在故事中道出一切，只是“一种非常随意的事件之选择，来自偶然，来自巧合，正如生活中或多或少都会发生的那样”。主人公们甚至像过去那群闲步广场热衷会饮的希腊人，无休无止地探讨着存在、神、爱情、信仰等每个名词，在辩证与诠释之间穷究本体的存在与生命的自省，没有传奇，远离类型，如此平淡而近自然。

侯麦的女剪辑师 Mary Stephan 谈到侯麦时，称赞他即使年过八旬，却始终有着十来岁少年的心。诚然，古典绅士的侯麦，总是深居镜头之后，温情注视，细腻临摹，冰冷严峻的拷问并非其所求，这不由得让我们想起一句老话：“人性的，太人性的”。

02

老兵会死，但可能永远不会凋零，比如“新浪潮”的巨擘们。

2009 年埃里克·侯麦的去世被贴上“新浪潮最后一个隐士离

去”的标签，随后克劳德·夏布罗尔又安然离世。加上20世纪80年代英年早逝的特吕弗，曾经声名赫赫的“新浪潮五虎将”中，只剩下戈达尔与雅克·里维特了，或许是时候再度回望历史，思考“新浪潮”及其遗产了。

20世纪50、60年代的法国，第二次世界大战的阴霾逐渐淡去，戴高乐回国，第五共和国初始，新法国的口号随处可见。与过去决裂成为人们的渴望，各类变革的呼声潜流奔涌，作为当时还不甚入流的艺术形式，电影业更是跃跃欲试为自身争取时代焦点的投注，新浪潮应运而生。当时，好莱坞电影对于法国年轻人影响很大，诸多影迷出身的影评人以电影图书馆及《电影手册》为阵地，对彼时法国主流电影形式进行愤怒的抨击，称之为“老爸电影”，对所谓“品质传统”或者“优质电影”更是不屑一顾。而且，不少年轻人从文本批判逐渐转向电影创作，纷纷走进片场拿起了摄影机，对准了“属于我们的巴黎”。因为受益于电影图书馆的观影经历，他们往往称自己为“电影图书馆的孩子”，其中最为耀眼的当属“新浪潮五虎将”。也因为他们均是从《电影手册》走出，又被称为“手册派五虎将”。

夏布罗尔在中国的知名度，或许并不如其他“新浪潮”悍将那么如雷贯耳，然而他确是“新浪潮”不折不扣的奠基人。夏布罗尔出生于 1930 年的一个巴黎的中产阶级家庭，却对巴黎和中产阶级都不甚感冒，尤其善于嘲讽后者。他曾在 20 世纪福克斯的巴黎分公司任职新闻专员，22 岁结婚，23 岁时担任《电影手册》的编辑和影评撰稿人。与特吕弗同是巴黎人，不过二者对于巴黎的爱憎却相异甚大，且在外省人云集的《电影手册》中，两人均谓异类。

这群《电影手册》的初生牛犊豪情万丈却等不到东风——艺术归艺术，钱归钱，按照夏布罗尔的说法，这群外省年轻人基本上“没有人在经济上有拍片的可能性”。不过，夏布罗尔的婚姻改变了这一境况，他的第一任妻子阿尼亚丝非常富有，这一笔巨额陪嫁促使了“新浪潮”的诞生。于是，夏布罗尔不仅成为“新浪潮”第一部短片《牧羊犬的攻击》（雅克·里维特执导）的制片人，甚至也资助了侯麦《狮子星座》的拍摄。

1958 年夏布罗尔决定拍摄一部长片，而妻子希望由他来执导，

“新浪潮”第一部长片《漂亮的塞尔日》由此诞生，夏布罗尔晚年仍旧对此无比自豪。这部影片被认为第一次将“新浪潮”和电影联系到一起，获得1958年法国让·维果奖、瑞士洛迦诺国际电影节大奖。声名鹊起的夏布罗尔拍摄了《表兄弟》，获得1959年柏林国际电影节金熊奖，他主张真诚的主题和富于现实感的理念也得到承认，这两部作品也成为他的代表作。

于是，从夏布罗尔的投资开始起步，新浪潮干将的首批作品在20世纪50年代末期纷纷出炉，除却侯麦的16毫米短片与后来为人熟知的《狮子星座》不甚卖座之外，特吕弗的《四百击》、戈达尔的《断了气》，加上夏布罗尔的《漂亮的塞尔日》《表兄弟》均大获成功。这股风潮不仅逐渐成为法国电影界主流，更是分化出不同派别，影响更是波及欧洲乃至美国，被电影史学家认为是现代电影的开端。

20世纪60年代可谓新浪潮运动的巅峰时刻，夏布罗尔陆续拍摄《老虎爱吃鲜肉》《七宗罪》《春光破碎》《无辜的凶手》《女人群像》等作品，其中不乏屡屡向好莱坞电影大师希区柯克致敬的桥段，获得商业的极大认可，这或许与他曾经在福克斯的工作经历不无关系，当然也与他的反叛精神有关——他不仅是五虎将中最早谈论商业的，也是商业上最为成功的一位，也屡屡因此而被其他同侪诟病，甚至被评价为最不“新浪潮”的新浪潮作者。与此同时，他的第一次婚姻却在1964年结束，随后也有数度情变，幸运的是，他最后一次婚姻相当美满。

如今，“新浪潮”运动已经过去了50多年，然而法国新浪潮电影的影响并未隐去。夏布罗尔一生保持着旺盛的创作精力，他的作品超过50部，即使晚年也以几乎每年一部的速度推出作品，他的最后一部作品是与著名演员杰拉尔·德帕迪约合作的《贝米拉》——即使是在如此高龄，夏布罗尔的反叛精神仍旧彰显无遗，剧中叙事风格也出现了新的探索与变化，以至于被人指斥为晦涩。

中国台湾影评人焦雄屏曾经认为不论“新浪潮”巨擘宝刀老否，“可以显见的是，他们的观念已经强烈地影响了全世界的电影思维”。夏布罗尔的离去，不仅不会让“新浪潮”消亡，反而使得我们重新感念“新浪潮”的魅惑与馈赠：无论风格如何变化，他们始终还是那群电影图书馆的孩子，保留着在电影图书馆只有50个座位的小放映厅中如饥如渴、如痴如醉观摩各类电影的单纯热情。夏布罗尔快80岁的时候，还对记者表示，“我们拍电影是因为喜欢，我们当时作为影迷的水平，比起现在所谓影迷的水平要高很多，我们看的影片比现在的影迷也多得多”。

时光中的潜行者

“要是能弄到一辆小货车，我们就万事大吉。现在我得多挣钱，这样到秋天就能把房子弄好。房子冬天也就能住人了。”30多年前，一个中年男子在苏联伏案涂下如是字句，倾诉完这些生活细碎之后，他又转身投入电影《索拉里斯星》的筹拍中。

这就是他——“世上只有一个安德烈·塔可夫斯基”。

1932年生于苏联，1983年离开苏联，1986年逝于巴黎，享年54岁。塔可夫斯基与伯格曼、费里尼一起被誉为欧洲艺术电影“三位一体”之一。他也许不是三人中最好的，但绝对是最具有诗意的导演，所以有人评价伯格曼是经，费里尼是文，而只有塔可夫斯基是诗，一生用光影捕捉编织到生命的柔软与时光的感动。塔可夫斯基平生只拍过7部半作品，却部部经典，2007年去世的伯格曼对塔可夫斯基亦自叹不如，“我穷毕生之力在轻叩那个梦幻世界的门扉——塔可夫斯基能够悠游自如的世界，却只能偶尔一窥其堂奥而已，我的大多数努力均未能如愿以偿”。

塔可夫斯基拍电影，亦著文，他的电影理论《雕刻时光》在国内已出版多年，反响颇为热烈。塔氏毕生坚持写日记，但因为各种原因，他的日记一直没有全本，《时光中的时光》收录了自1970年至1986年间的日记，始于筹拍《索拉里斯星》，终于塔可夫斯基逝世前最后两周，几乎囊括了塔可夫斯基的创作生涯与重要人生轨迹。

“要是光景好，我早就成为百万富翁了。从1960年开始，每年拍两部电影，我已经拍了20部……”早在1970年，塔可夫斯基就如是盘算，但是事实上一切都难以兑现，终其一生，他只拍了7部半作品。作为艺术家，他从没放弃争取创作自由，但是现实的局限造成的求之不得亦成为他痛苦的根源，他黯然写下“人活着所需甚少，工作起来自由自在才是可贵的”。

塔可夫斯基一生坎坷，不断地在焦虑与绝望中摇摆，但是他始终没有放弃艺术追求，始终以一己之力坚守。我引塔可夫斯基境遇坎坷使得他拍片少为遗憾，但是现在看来，也许只有 7 部半也算保全，至少避免了塔可夫斯基的艺术沉沦，就是费里尼这样的大师，后期亦是讨好观众而不得。

日记有着直击心灵的独特魅力，与《雕刻时光》中的深邃飘逸不同,《时光中的时光》中的塔可夫斯基则彻底走下了电影神殿。写日记的塔可夫斯基比又拍电影又谈电影理论的塔可夫斯基亲切得多，他也成为一个大众可以理解的人，他也会不断地为衣食住行而焦虑，他也会为工作不顺而怨天尤人，他也会对同行大加褒贬……日记使得我们更加贴近塔可夫斯基的方方面面，大师原来与凡人一般，他也彷徨，他也绝望，他也无助。

阅读塔可夫斯基日记是一种震撼的体验，亦可发现日记叨叨絮语背后与塔可夫斯基电影主旨的相通之处。塔可夫斯基一生对艺术的不懈追求令人感叹，而一切的力量源泉也就是他的电影的关键词：信仰，这也来自俄罗斯民族知识分子的传统。同时，俄罗斯民族传统的失落使得塔可夫斯基对现实始终抱以清醒的危机感："我们那些毫无意义，毫无用处而又伟大的俄罗斯奥义何在？

悲哀。”“我们的知识界，我们的民族，我们的艺术都危机四伏。如果艺术的衰落显而易见，如果艺术是这个民族的灵魂，那么，我们的民族，我们的国家正苦于精神危机。”也许是因为对现实的疏离，塔可夫斯基一直十分欣赏陀思妥耶夫斯基，曾经感叹“陀思妥耶夫斯基，可以代表我在电影中想做的一切”。

在电影《潜行者》中，塔可夫斯基通过主角告诉我们，成为潜行者——无法拒绝未知真理的诱惑，是宿命，是从出生就无从逃避的职责；而时光对于塔可夫斯基有着特别的意蕴，他把拍电影比作雕刻时光。塔可夫斯基难脱俄罗斯民族知识分子的特质，敏感而又具有苦难感，他认同艺术家终身背负让大众感受到事情的本质这一重担。从这个意义上，艺术家才是时光中的潜行者，塔可夫斯基自当归属其中。在一次采访中，塔可夫斯基表示“任何人决定要成为导演，必须付出一生作为赌注”，不错，他正以自己的一生实践了这一信念。

小津牌豆腐

新德国电影运动领军人物之一维姆·文德斯曾说，发明电影就是为了产生一部像小津电影那样的作品，那么当小津谈论小津时，他会怎么说？

比起一干虔诚拥护者，小津的自述看来洒脱得多，颇有中国人破除风雅做得好文的气度，颇有他拍电影不讲求电影界文法的风格。在这部《我是开豆腐店的，我只做豆腐》文集中，小津的自述可谓朴实无华，难怪对岸有粉丝看了觉得偶像幻灭。

自我去魅的案例书中比比皆是。谈论入行，小津不乏好奇地反问，电影导演这个行业既有趣又赚钱吗？他回想入行在于喜欢看电影，自认能做导演只是为了一碗咖喱饭的负气，“不是头脑优秀，也不是才华受到赏识，只是托了咖喱饭的福”；至于最具特色的低机位拍摄，小津直言是因为别的方式“费时也麻烦”，索性镜头朝上，摄影机位置越来越低，构图效果不错，以至于常常使用“被我们称为‘锅盖’的特殊三脚架”；谈到战争，他记忆最深的困扰似乎是没有符合他身高的大号军服，对于杀戮的体味也带有小津式特点，“砍人时也像演古装剧一样。抡刀砍下时，暂时不动。啊！倒下了，戏剧果然很写实。”……

小津拍电影不讲文法，谈电影也不讲体系，至少在这本书中显然不那么健谈，这本书算得上小津分析中最不理论的一本，初看甚至有寡淡之感。不过回想，这不正是一种很小津的方式吗，平淡而有回味，难怪前言感觉欲言又止又无话可说。

尽管如此，有谁比小津更适合谈自己呢？小津本人的话语方式虽然朴实直白，问答之间甚至不乏狡黠的含蓄，但是不时仍可直窥其精神追求：他每每有夜不能眠时刻，拍摄电影时也曾“严苛地使用肉体和精神”，曾经被合作者评价“以前是个暴君”，他也有追求完美的野心，“姑且不论成功好坏，只是野心勃勃地企图用铜版画来呈现浮世绘”。

对于电影以及小津自身，书中有不少比喻。比如小津说自己是开豆腐店的，“做豆腐的人去做咖喱饭或炸猪排，不可能好吃”，这也是本书书名的来源。类似的比喻在书中不止一次，小津的主张在于让擅长的人来做就好，这段话或许更能体现小津的追求：“有人会做纳豆，有人会做油炸食品，有人会做豆腐，如果是我，只做纳豆就好，虽然同样是纳豆，但我想做不同的纳豆，而且是竭尽全力去做非我来做不可的纳豆。”

抛开略带戏谑的比喻，无论纳豆还是豆腐，小津牌产品之所以能够吸引固定食客，原因也在于小津式独具一格的处理方式。他拍电影是为了呈现“怎么样的人过怎么样的生活”，他认定电影是以余味定输赢，正是这种态度以及其结晶，必然能够在不同的时空感动不同的人。有记者问现在庶民生活没有人情的原因，小津说这并不是人们的错而是社会很糟糕，但要归咎于社会不好就没完没了，“让人们看到‘电影里的人那么坏也没怎样，我又何必介意’，因而感到安心的电影，还是会让社会更糟，所以我想描述一些不同的东西”。

那么，小津电影中“不同的东西”是什么呢？我个人认为小津电影中打动人的东西在于生活的情味，也即影评家称之为的“物哀”，小津则将自己的努力比喻为描述“泥中之莲”，每每致力于呈现战后混乱变化的生活中的美丽与洁净，这何尝不是对于人心的重整以及温暖？小津指出人们普遍认为把肮脏的东西当作干净的东西来描写是说谎，而夸张描写它的肮脏倒是行得通，但他并不认为后者就是写实，他选择用自己的方式来写实，也就是以莲花之清丽来反衬泥土的肮脏。

回头审视小津安二郎，如今盛誉之下，未必尽是光环。这位出生于1903年、终身未婚的日本导演，昭和十三年也就是1938年，以军曹身份随日军入侵中国，他墓碑上的“无”即与处在日军铁蹄下的南京有关，他给友人的信中说：“坐过秦淮河的画舫，也看了玄武湖的莲花。船送涟漪摇荷香。”本书中对此也有不少篇幅，主要来自“战地来信”等部分，据说未有删节。作为侵华日军中一员，时年35岁的小津显然有其独到的体察，这些记录有其历史价值，其中一节令人心折，“经过安义不久，看到路上正规军和百姓倒地而亡。路旁有一个出生不久的婴儿，天真地玩着干粮的袋子，一脸狠狠大哭一场后若无其事的表情。谁也无法去照顾婴儿，只想加快脚步趁着婴儿不哭的时候通过。四列行军自动分成左右两排绕过婴儿。打着绑腿的大军靴。经不起踩的婴儿就在行军之流中天真嬉戏”。

从认可而言，与其恭维小津是国际大师，毋宁说他是日本的，尤其相比于与其几乎同时代的黑泽明之类更显得满载国际荣誉。甚至，在日本国内，小津某些作品也曾被批评脱离底层庶民的生活。书中有一个细节，《电影新潮》记者问小津《麦秋》中嫂嫂和小姑吃了 900 日元的蛋糕，对于一般人是不是太贵了？据说小津回答时稍微想了一下，继而又清楚地说，“还是会吃，还是会吃吧。当然觉得浪费，但又觉得可口……”在我看来，这或许就是小津以及其作品的意义，小津没有那么小众，但也没有那么流行，喜欢这一口味的人没有媒体渲染得那么庞大，但显然始终存在。

大岛渚的夜与雾

老式眼镜、花白短发再配上微微蹙起的眉头，甚至据传有点“妻管严”……大岛渚晚年照片看起来温和敦厚，委实更类似一个退休的大学理科教授，与日本新浪潮电影旗手以及诸多粉丝膜拜的“情色片大师”定位看似大相径庭，更与“一位没有君主的武士”评价近乎南辕北辙。

幸好，外在并非唯一，大岛渚的暴力在一往无前的作品背后，也自有温情脉脉的闪现。2013 年 1 月，这位日本导演因肺炎过世，关于对他的热切纪念也喧嚣一时。

大岛渚，1932 年 3 月生于京都，白羊座。他 6 岁时父亲去世，18 岁时他进入了京都大学法学部——这是他理想中的大学，他却似乎没有在法学部找到自己的理想。大岛渚对于法学并无太多兴趣，据说他甚至未能通过法学部助手考试。

和那个时代的青少年一样，除了诗歌、小说和运动，左派思潮成为一时流行，大岛渚狂热地卷入了学生运动，他曾经担任京都大学学生联盟主席。不过，“天皇事件”成为引爆的导火索，导致了学生联盟的解散。1951 年，日本天皇访问京都大学，而同学则被禁止公开提问和回答问题，于是大岛渚等人开始张贴大字报，公开要求天皇不要再神化自己。

和大多数学生运动一样，这场运动开始时轰轰烈烈，甚至引发了游行，最终却以失败而告终。至于大岛渚本人，也由学生运动的风云领袖变为差点找不到工作的“赤色分子”。误打误撞之下，对电影所知甚少的大岛渚进入松竹公司大船制片厂工作，曾经的学运生涯则成为最好的素材，他 1960 年的作品《青春残酷物语》也与此直接有关，并且由这部电影可谓真正掀开了日本新浪潮的运动开篇。

大岛渚无心之下涉足电影业，其发展却堪称顺利，由编剧起家，他在 27 岁就破格成为导演，并且与同事成立独立制片的“创造社”。从大时代来看，新浪潮电影席卷全球，而日本战后六七十年代经济的崛起使得人心思变，而战后日本与美国等紧张关系也使得社会变动加剧，年轻一代迷茫日深。

如此之下，手法翻新与革命意义的大岛渚电影应运而生，在日本电影的殿堂独树一帜。经历了多年低成本之作的探索之后，在国外资金的支持下，大岛渚 1976 年导演的《感官世界》使之成为其艺术生涯的一大高峰。这是根据 1936 年著名的阿部定事件而改编，迄今仍旧名列禁忌作品的佼佼者，甚至在日本流行小说《失乐园》中也可看出一些受影响的痕迹。两年之后，《感官世界》的姊妹片《爱之亡灵》为大岛渚摘得第 31 届戛纳电影节最佳导演奖，奠定了其国际地位，使他在 20 世纪 70 年代就成为日本最佳电影导演。

进入 80 年代之后，大岛渚对于感官世界的探索并未止步，既有同性之爱的《圣诞快乐，劳伦斯先生》，也有涉及人猿感情的《马克斯，我的爱》。进入 90 年代，当人们以为大岛渚已经完成其创作生涯之际，他在世纪末又推出了《御法度》，男色与暴力，随樱花起舞，延续其争议声名。

导演以作品说话，但是如果以为大岛渚的世界只有情色暴力，那么可能大谬特谬。这位艺术家的左派特质，在作品中始终隐约闪现，难怪有人评价其为“一位电影世界的浪人”，学生时代的残酷教训与理想印迹，似乎无声遁入其中。甚至，即使他常常被冠之以的“情色”二字，本来就是身体政治的极致——如果性在福柯那边被异化为一种惩罚与训诫的现代权力，而大岛渚则将其演变为对战争、社会、体制甚至虚无的一种对抗，即使这种对抗往往显得自毁而徒劳，所以难怪他的主角往往是反英雄，有着“被侮辱与被损害的”的愤怒抗争与无边绝望。

尽管如此，大岛渚的世界并非一片暗黑，其中仍旧不乏人情的温存，这往往不存在于主角们的抵死缠缚之中，反而不时幻化为陌生人的慈悲。例如，在《圣诞快乐，劳伦斯先生》（亦名《战俘》）中，同样是一个关于文化冲突的故事，甚至其间的同性暗示也让人想到《阿拉伯的劳伦斯》。影片背景设置在二战时期，当时日本正处在不可一世的 1942 年，即使在南洋爪哇岛的热带丛林中也无例外，故事就发生在其间的一所日军战俘看守所。在这个分裂、压抑的禁色世界之中，反而是北野武饰演的看似孔武粗暴的原上士最具人情味，临别之际的一声“圣诞节快乐，劳伦斯先生”令人心折，就像《爱与希望的街》中少年卖鸽子虽是行骗，却不肯多收300元一样，也如《青春残酷物语》中的阿清出卖了一切，却最终仍旧宁死也不愿意出让真琴，这些细节微弱却有力、顽强地存在。

这部以同性之爱出位的电影斩获不少荣誉，例如1984年的《电影旬报》观众选择奖最佳影片，观众口碑亦佳。对于影片的解读升华亦各有不同，有人喜欢坂本龙一的音乐，有人分析了文化冲突，也有人强调政治迫害，更有人强调反战意识，但不可否认，这也是一部关于相遇的故事，人和人，灵与肉。

一切大师皆有原点，甚至很多人终身都围绕同一个主题展开，大岛渚亦不例外。他第一部担当编剧的电影是《爱与希望的街》——然而，这是一个没有希望的故事，肮脏嘈杂的贫民街，家徒四壁的三口之家，母亲经年累月在街上给人擦鞋，年幼妹妹无人关切而陷入自闭，善良的哥哥虽然学业出众，却不得不上街做买卖，甚至不得已行骗，即使有富家少女的青睐，最终还是一场虚空，甚至具有象征意义的白鸽也横死……后来得知，原来大岛渚最初希望将其命名为《爱与悲伤的街》。有爱，也有悲悯，这就是大岛渚。

荒木经惟的迷色世界

谁怕荒木经惟？

日式木屐、八字胡、黑框眼镜、略微秃顶、爱猫 Chiro、头发成猫耳状的同时好穿艳丽夸张服饰……除了摄影圈内人士，大多数国内人士知道这个东京“怪老头”，要么是通过内地几个不那么要紧的摄影展，要么就是他为王力宏以及汤唯拍摄的《Marie Clarie》写真“未能完成的爱的故事”，当然，更多的是来自日本电影《东京日和》。

不过，如果你以为这就是荒木经惟的全面，那么你就大错特错。这个“老顽童”真是一个极具争议性人物，让人又爱又怕，毁誉参半。如果要了解全面而立体的荒木经惟，至少应该读一下这本《荒木经惟的天才写真术》。

《东京日和》讲述了一个凄美的爱情故事：日本摄影家岛津已喜男的摄影生涯起始于妻子阳子。在旅行社工作的阳子美丽而善良，却不幸患有内分泌失调症，表现异于常人，情绪不稳定，甚至会突然没有原因地走失。旁人已经觉察到这点，然而岛津却仍旧希望能够用爱来呵护阳子，为免于现实的残忍压力，两人甚至为此旧地重游。不过他的爱最终还是没有能够挽留阳子的生命。而最终他希望能够以一本摄影集来纪念阳子，能够伴随着泪水重温昨日记忆，这本摄影集就叫《东京日和》。

也许，对于诸多影迷来说，上述介绍已经烂熟于心。这部由竹中直人导演、中山美穗等人主演的电影斩获颇丰，平淡而不失张力，朴素而暗含韵致，温情脉脉的背后却是沉重的酸楚，成为不少影迷心中的唯美爱情经典。然而，这部电影则是根据荒木经惟及其妻阳子的经历改编，脚本中很多因素来自荒木经惟的同名散文集《东京日和》，与阳子有关的摄影集则是《伤感的旅行》和《冬季的旅行》。

有趣的是，荒木经惟本人也混杂在一群明星之间客串一把，小小地在竹中直人背后短暂地露一下面。比起《东京日和》中唯美派头以及国内摄影展中的力度，荒木经惟的能量和尺度不仅于此。

即使在要求人人顺从集体的日本，他也大言不惭自称“天才荒木”，成为不少新锐摄影师的偶像；同时，又被外界称为用镜头“强奸”别人，也被称为“躲在镜头后面的淫秽摄影者”：他照片中对于女体、生殖器的关注，色情、暴力、窥探、情欲、原始等因素令人目不暇接，大呼咋舌。即使城市，在他眼中也是不乏情欲色彩。“我和一个名字叫作东京的女人在一个也叫东京的地方走着并常常地为她拍照。”

随着荒木经惟在西方大受欢迎，比约克等一线明星也以与之合作为荣。不过，他也被认为挑战了日常生活与诸多禁忌，不少作品在东京都被定性为“污秽”。1992 年，在《疯狂图片日记》展览中被控展示淫秽照片，被罚款 30 万日元；1993 年，在东京涩谷的帕克画廊，警方以销售被认定为淫秽出版物的荒木作品集《色情》为由，没收了所有余书——国内展出的作品可想而知，往往不过是其中规中矩的一面罢了。

与此同时，荒木创造力惊人，每年出版不少摄影集，据统计，与摄影相关著作至今累积超过四百册，同时他也四处开设摄影专栏，堆积如山的照片与他的真真假假的情事也使荒木经惟一直成为媒体舆论关注点。

“写真”在日语里面有着摄影的意思，荒木经惟常常自称“写真狂人”，其实也就是“摄影狂人”之意。荒木经惟 1940 年出生于东京都台东区三之轮，临近日本古老的红灯区，父亲是一名木屐制作工人。据说他儿时的游乐场是坟墓，旁边则是妓女户——在成长环境中他早早就认识了摄影的本质，认识到色情、生活和死亡三者结合之玄妙，这些元素也成为他日后摄影中的重要母题。29 岁时，荒木进入千叶大学专攻摄影及电影，毕业后进入广告代理商电通。工作之余，荒木经惟经常偷偷使用公司的器材创作，近十年的电通工作也被认为“摄影修行”。31 岁时，与电通同事青木阳子结婚，并将新婚旅行中拍摄的照片编成《感伤的旅行》，随后自费出版。

《感伤的旅行》摄影集成为荒木经惟的成名之作，可谓其人生转折点。一方面，这本书被外界认为是荒木的“摄影家宣言”，确认了其以相机记录日常生活的“私写真”摄影定位。随后，荒木成立自己的工作室，并且从90年代开始引起国际摄影界的瞩目，成功以前卫姿态跻身当代艺术史的万神殿。

在《荒木经惟的天才写真术》中，荒木经惟谈到摄影方式、相机选择等技术之外，更多还是他神神叨叨的呓语。然而，正是这些看似漫无边际的思绪中，其中不乏他对于艺术乃至生命最底层的看法：活着，生与死。对于生与死的爱，那就是摄影；相机是工具，以此拍摄出来的照片是作品。然而在按下快门的那一瞬，其实摄影已渗入生命；所谓摄影，需要“呈现”及“捕捉”等各种技巧；而所谓拍摄行为，简单来说，就是你与别人的“交情”

和“关系”。与其阻断情感，倒不如往更深的方向延伸，这是我现在的想法；如果要改变人生，就要换男朋友，换女朋友，或是换个地点。如果想改变自己的摄影风格，那就换台相机吧。只要换了照相机，影像风格就会改变。好的相机，会散发出耀人的光彩哟……

天才还是变态？狂人还是真人？行为艺术家还是摄影家？古典还是后现代？流行现象还是传世经典？荒木经惟的世界聚集了如此之多的元素，令人错愕而迷失，就像他自己说的摄影与真实的关系：“说不定就是为了蒙蔽事实，才需要所谓的技巧吧。玩弄所谓的技术，等于是为了把自己或真相隐蔽起来。技巧，是为了蒙蔽观者的眼睛。”荒木经惟，或者说他代表的文化现象，与其说反映了生活，不如说更像一面扭曲而真实的镜子，还原出我们时代的凄凉与美丽。

有人说荒木经惟故作神秘，也有人说他虚无主义。倒是他自己，也经常承认自己不是那么真诚。然而，这一切恰恰也说明了他的纯真与热情，摄影只是他表达生命的一种方式而已，而他旺盛的生命力也体现在如此丰盛的产量之上，绝望与梳理之中也有原始的力量，是一种古老的乡愁。

中国古人曾经说过，“空到色香何有相，若离文字岂能禅”，放在热爱女人、热爱城市、热爱摄影的荒木经惟身上，也很适用，就像他在《荒木经惟的天才写真术》中说的：“庞大的过去如同母亲一般，是乡愁也是感伤的泉源，没有这种情怀的话，就不配做人了。别说是人，根本就不男不女了，是吧？”